語文一把罩

【第一冊】

九年一貫語文領域創意教學活動設計

吳淑玲◆策畫主編

萬榮輝等◆著

策畫主編簡介

吳淑玲

學歷：東海大學中國文學碩士

經歷：《國語日報》主編

　　　僑委會中國語文教科書編撰

　　　幼稚園評鑑委員

任教：台北市立師範學院幼教系進修部

作者群簡介

姓名	學歷	經歷	現職
萬榮輝	國立台北師範學院課程與教學研究所	國小教師、組長、總務主任、教務主任、國民教育輔導團成員	桃園縣北門國小教務主任
魏慶雲	台北市立師範學院	國小教師、組長、代理主任	桃園縣北門國小教師
游美琦	私立淡江大學	國小教師	桃園縣北門國小教師
陳香吟	國立嘉義大學	國小教師	桃園縣北門國小教師
李燕梅	國立嘉義大學	國小教師	桃園縣北門國小教師
劉惠文	國立嘉義大學	國小教師	桃園縣北門國小教師
陳杼鈴	國立新竹師範學院	國小教師	桃園縣北門國小教師
陳芷珊	國立新竹師範學院	國小教師	桃園縣北門國小教師
周秉慈	國立嘉義師範學院	國小教師、組長	桃園縣北門國小教師
蔡佳珍	私立實踐大學	國小教師	桃園縣北門國小教師
吳美玲	國立台南師範學院	國小教師、組長	桃園縣北門國小教師
李秋蘭	私立輔仁大學	國小教師、組長	桃園縣北門國小教師
黃瓊惠	台北市立師範學院	國小教師	桃園縣北門國小教師
黃淑芬	私立淡江大學	國小教師	桃園縣北門國小教師
簡名崇	國立台灣大學	國小教師、組長	桃園縣北門國小教師
陳純慧	國立台南師範學院	國小教師	桃園縣北門國小教師
陳秀華	私立輔仁大學	國小教師	桃園縣北門國小教師
何鎔靜	國立嘉義大學	國小教師	桃園縣北門國小教師
黃雍菁	國立嘉義大學	國小教師	桃園縣北門國小教師
傅大銘	國立花蓮師範學院	國小教師	桃園縣北門國小教師
黃韻如	國立屏東師範學院	國小教師	桃園縣北門國小教師
林慈鳶	國立台東大學	國小教師	桃園縣北門國小教師
陳冠霖	國立新竹師範學院	國小教師	桃園縣北門國小教師
林幸言	國立屏東師範學院	國小教師	桃園縣北門國小教師

策畫主編序

冰雪聰明的專業教師團隊

　　一九九六年起，我每年帶一至二組不同的研究伙伴（她們都是資深又優秀的幼教教師），一起鑽研探討語文教學的新方案。其中研究主題包括生活唐詩、藝術與人文教學、名曲教學與遊戲、讀繪本遊世界、繪本主題教學資源手冊等。每個研究專案一至四年不等，樂見研究組員從大學到研究所，一路扶持與成長。

　　二〇〇三年，一次教師專業成長研習裡，我遇到一群「冰雪聰明」、有熱情、理想與衝勁的老師——來自桃園縣北門國小（「冰雪聰明」是這組研究老師的慣用語），意外地從「繪本閱讀與多媒體教學」研討中，展開老師們自發性的「資訊融入語文教學」行動研究。

　　結合全校教師電腦與資訊的專長、繪本閱讀的熱衷，以及對國小學童語文教學播種與深耕的共識，加上參與研究老師分別任教於一至六年級，語文、數學、自然、輔導各有專精，於是訂定出研究方法：

1. 閱讀各版本國小國語課本，彙整出三個面向，十八個主題（請參考：主題統整架構圖）。

   (1)個體發展：生命成長、自我肯定、關懷與感恩、青春向前行、體驗生活（心情記事、生活點滴、快樂的玩）、從做中學。

   (2)社會文化：四海一家、打造新社區、價值觀、人際溝通、歷史文化（鄉土）、互助合作。

   (3)自然環境：大地之旅、海洋世界、植物世界、動物保育、台灣風情、海洋遊蹤。

   含括語文、健康與體育、社會、藝術與人文、數學、自然與生活科技及綜合活動等七大學習領域。

2. 依國小學童低、中、高年級語文能力，細分主題閱讀教學，並進行行動研究與現場教學、拍攝、記錄、討論及分享。

3. 「青春新少年」單元乃一特例，其「初階、中階、進階」內容，分別以

四、五、六年級學生為主。

4.最後進行閱讀主題撰寫，共設有九個小單元：

⑴在這個活動中，學生將要

⑵教學活動

⑶學生將學會：學習目標、對應之九年一貫課程能力指標

⑷小筆記

⑸學習單

⑹評量標準

⑺相關網站

⑻我的表現（評量表）：學生自評、老師回饋

⑼延伸閱讀

主題統整架構圖

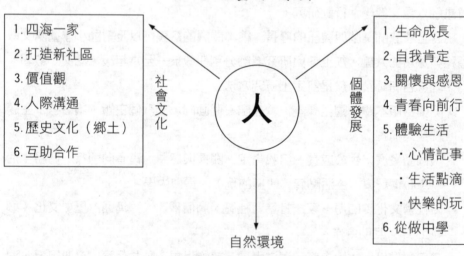

社會文化
1.四海一家
2.打造新社區
3.價值觀
4.人際溝通
5.歷史文化（鄉土）
6.互助合作

個體發展
1.生命成長
2.自我肯定
3.關懷與感恩
4.青春向前行
5.體驗生活
　・心情記事
　・生活點滴
　・快樂的玩
6.從做中學

人

自然環境
1.大地之旅
2.海洋世界
3.植物世界
4.動物保育
5.台灣風情
6.海天遊蹤

　　本系列研究深入探討小學生的語文能力，以「人」為本，以語文創思與激勵閱讀為基礎，研製上百份的學習單，希望提供教師更自在便捷又可以無限延續的快樂教學基模。

　　感謝研究期間，學識、文學、領導超優質的萬榮輝主任的全心投入，鼎力協助；感謝魏慶雲老師及慈鳶為所有研究組員加強多媒體閱讀教學能力；也感謝全體研究老師利用課餘鑽研、討論，為我們的資訊融入語文教學踏出大大的一步！更感謝心理出版社許總經理麗玉、林總編輯敬堯與主編的專業細心編輯，給予本研究出版的機會！

　　敬請各方先進不吝指正。

　　在此謹獻上我的敬意和謝忱，給所有參與研究的老師們！

吳淑玲

二〇〇四年十一月於台北

作者群序

　　故事的開始是這樣的：有一群人，一群都認為「閱讀」這件事是很重要的人們，他們努力地在自己的課堂中進行「閱讀」，帶著孩子們閱讀各種書籍、作文章賞析與心得分享。孩子們很快樂，他們也很快樂；但是，時間久了，他們發現：除了要教授小朋友現行課程中各領域的知識、訓練技能、培養情意外，還要在進行正常的課程教學之餘，找尋各類書籍並進行閱讀課程，長期下來耗時耗力，實在無法撥出太多的時間與精力長期推廣閱讀活動。看著一本的好書因時間、精力的問題，無法向孩子們多做介紹，這群人覺得很可惜。

　　他們想：總該有辦法來解決這個問題吧？一個可以讓老師既能不耽誤正常課程的進行，又能推廣閱讀活動，魚與熊掌兩者兼得的好方法。於是，這一群人想嘗試，嘗試將現行的各出版社語文科教科書做分類，配合九年一貫課程架構，依課文內容分為三個面向十八個主題，再將每個主題分為低、中、高三個年段；並依主題內容找尋合適的繪本或書籍，設計教學活動、提供延伸活動及評量標準與方式，讓使用者可以依照自己所需，選取適切之主題參酌應用。

　　現在，這群人很高興，一方面是辛苦多時的他們努力有了成果，於是野人獻曝的想將這些成果與大家分享，希望能對更多喜歡閱讀的人有些許助益。如果真的有那麼點幫助的話，這群人便高興得不得了。

　　故事說完了，希望你會喜歡。

萬榮輝

北門國小教務主任

主題彙整表

三個面向	單元名稱	初階	中階	進階	活動內容					
					歌謠	佳文	遊戲	創作	自然科學	視聽媒體
生命成長	生命成長	**課程名稱：**我怎麼來的？　**設計內容簡述：**介紹繪本《薩琪想要一個小寶寶》，讓學生從繪本中，了解自己從媽媽的肚子裡出生，並且進一步藉由活動課程，體會母親懷胎十月的辛苦歷程。	**課程名稱：**男生女生配　**設計內容簡述：**我們有時候對男生和女生有些刻板印象。藉由活動讓學生學習接納與尊重，共同維持兩性和諧的互動關係。	**課程名稱：**性別停看聽　**設計內容簡述：**藉由繪本《愛在那裡口難開》以及媒體廣告，討論男女生在青春期生理與心理的不同，以及青春期男生女生該如何相處。						
					初階		✓	✓		
					中階		✓		✓	
					進階				✓	✓
個體發展	我的家	**課程名稱：**有緣才能作伙　**設計內容簡述：**藉由關於描述家庭的短文、童謠、詩歌，使學生能夠具體表達家人彼此間的關懷。	**課程名稱：**我的祖先是恐龍　**設計內容簡述：**引導學生檢視家族的歷史，回顧家族的遷徙，了解祖先篳路藍縷的辛苦。	**課程名稱：**我家的這本經　**設計內容簡述：**經由討論父母家人的興趣嗜好，及發表家人行為特色之方式，以表現自己家中的特別處。	初階					
					✓	✓	✓		✓	✓
					中階					
					✓	✓		✓		
					進階					
					✓	✓	✓	✓	✓	✓
關懷與感恩	關懷與感恩	**課程名稱：**謝謝你！　**設計內容簡述：**讓學生體驗照顧他人與受人照顧的感覺，進而發覺自己最常受到誰的照顧，並將想要對他說的感謝話語轉化成文字。	**課程名稱：**有愛無礙　**設計內容簡述：**在我們的成長過程中，有許多人和我們交會過，其中有些人幫助過我們，有些人被我們幫助過，這樣就形成了一個充滿關懷與愛的社會。	**課程名稱：**寵物情緣　**設計內容簡述：**透過活動——寵物檔案、我的小主人，讓學生從飼養寵物了解動物與人的關係，以及生活中該如何關懷流浪動物。	初階					
					✓	✓				
					中階					
					✓	✓	✓		✓	
					進階					
								✓	✓	

三個面向	單元名稱	初階	中階	進階	活動內容					
					歌謠	佳文	遊戲	創作	自然科學	視聽媒體
社會文化	互助合作	**課程名稱：** 一個都不能少 **設計內容簡述：** 藉由導讀《南瓜湯》引起動機，再配合團體遊戲，讓學生了解互助合作的重要。	**課程名稱：** 同心協力－開麥拉！ **設計內容簡述：** 引導學生看圖猜成語，並將成語融入情境，以戲劇方式演出，最後進行小組分享。	**課程名稱：** 話話書，畫畫書 **設計內容簡述：** 介紹「七兄弟」故事後，學生能互助合作將劇本改編，並做成手繪書。						
		初階				✓	✓	✓		
		中階				✓	✓	✓		
		進階				✓		✓		
	價值觀	**課程名稱：** 職業萬花筒 **設計內容簡述：** 透過活動，引導孩童認識日常生活中所熟知的各行各業，並且讓孩童體驗不同的職業間，在生活作息上的差異性，並學習感恩及珍惜。	**課程名稱：** 小小螺絲釘 **設計內容簡述：** 請學生分組蒐集各行業的工作內容，讓學生了解各行業的重要性。並有語文修辭的練習活動。	**課程名稱：** 我的未來不是夢 **設計內容簡述：** 請學生設定自己未來想從事的行業，若要達成這樣的目標，必須做哪些努力，才能讓夢想成真。						
		初階				✓	✓	✓		
		中階			✓			✓		
		進階				✓		✓		
	四海一家	**課程名稱：** 繞著地球跑 **設計內容簡述：** 由學生扮演探險家，並分組蒐集各國資料，進行有關國家的研究。	**課程名稱：** 我們一起慶祝節日 **設計內容簡述：** 藉由活動讓學生了解本國與其他國家節日的異同，進而學會相互尊重、包容不同文化的差異。	**課程名稱：** 出去走走──知性之旅 **設計內容簡述：** 藉由規畫出國自助旅行的過程中，能更進一步了解各國的生活、當地的風土民情，學習如何與世界各地的朋友相處。						
		初階								
		中階						✓		
		進階							✓	✓

三個面向	單元名稱	初階	中階	進階	活動內容					
					歌謠	佳文	遊戲	創作	自然科學	視聽媒體
自然環境	植物的世界	**課程名稱：** 假如我是一棵樹 **設計內容簡述：** 讓兒童了解樹和人一樣有生命，並用肢體和情緒表演出樹的各種姿態、情感，以及樹和大自然的互動。	**課程名稱：** 校園植物小檔案 **設計內容簡述：** 透過自然的觀察與記錄，深入認識校園植物，並以小組合作的方式完成校園植物小檔案。	**課程名稱：** 綠色狂想曲 **設計內容簡述：** 課程中設計的目標是希望學生學習到植物的特殊功能，並且知道植物可以應用在生活中的許多層面。	初階					
							✓	✓	✓	
					中階					
									✓	
					進階					
					✓	✓		✓		
自然環境	動物奇觀	**課程名稱：** 會說話的動物 **設計內容簡述：** 將動物叫聲融入歌曲及遊戲，學生能在遊戲中學會歌曲演唱及動物叫聲的辨別。	**課程名稱：** 夜行性動物 **設計內容簡述：** 介紹平日少見的夜行性動物，並以夜行性動物當主角，舉辦動物戲劇秀。	**課程名稱：** 誰吃葷？誰吃素？ **設計內容簡述：** 讓學童了解什麼是動物食性及不同食性間動物的關聯，進而引導學童知曉生態平衡的重要性。	初階					
					✓		✓			
					中階					
					✓			✓	✓	
					進階					
								✓	✓	✓
自然環境	海洋世界	**課程名稱：** 美麗的海洋 **設計內容簡述：** 台灣是個海島，人們的生活與海洋關係密切。透過教學活動，希望讓兒童認識海洋，喜愛海洋，同時也要知曉海的險惡。	**課程名稱：** 海底漫遊 **設計內容簡述：** 本活動藉由海洋生物的介紹，並在教學中配合相關延伸活動，引發學童主動探索並喜愛這個繽紛的海底世界。	**課程名稱：** 與海共舞 **設計內容簡述：** 本教學活動乃對焦於「台灣海岸地形大蒐集」、「海岸經濟大觀園」二大主軸，最後，透過海邊風景的引導，讓學生創作童詩。	初階					
						✓	✓	✓		
					中階					
								✓		
					進階					
					✓	✓			✓	

目錄 CONTENTS

面向一：個體發展

生命成長

初階　我怎麼來的？

中階　男生女生配

進階　性別停看聽

【初階】 生命成長

我怎麼來的？

游美琦

小朋友對於自己從哪裡來，總是感到無比的好奇；每天追著媽媽，就是希望媽媽可以給他一個滿意的答案，現在讓我們藉由闖關活動與繪本閱讀，提供一個答案給孩子吧！

本課程設計的重點，在讓孩子體驗媽媽懷孕的辛苦過程，藉由實際模擬的歷程，感受母愛的偉大，進而能體貼母親的辛勞，做個懂事的好孩子。

壹、在這個活動中，學生將要：

一、閱讀繪本：《薩琪想要一個小寶寶》。

二、護蛋闖關活動：利用氣球、躲避球等物品，充當小嬰兒；讓小朋友將球放進肚子裡，每天從早到晚帶著它，不能離身。

三、帶著氣球、躲避球進行闖關活動。

四、寫下闖關之後，最想對媽媽說的一句話。

貳、教學活動：

一、教學預備

㈠準備足夠的氣球、躲避球。

㈡請學生準備一個玩偶。

㈢四位關主。

二、活動步驟

㈠引起動機：介紹繪本《薩琪想要一個小寶寶》（文：提利，圖：戴爾飛，出版社：米奇巴克），利用主角薩琪想要一個小寶寶的故事，引發孩子思考「自己到底是從哪裡來的」。

㈡發展活動：

1. 活動說明：

⑴每人一張闖關卡，完成關主交代的任務，才能過關。

⑵進行分組。

⑶第一關：腹中放著氣球（可裝水增加重量），進行掃地工作。

第二關：腹中放著躲避球，進行擦地工作（要求學生要蹲下來擦地）。

第三關：腹中放著躲避球，跟隨小朋友過一天的生活。

第四關：腹中放著躲避球，並且照顧洋娃娃吃飯、睡覺。

2. 闖關時間：

⑴各關需要一位關主，協助小朋友進行活動。

⑵通過的小朋友，即可獲得關主的通關印章。

3. 分享時間：

⑴利用學習單，協助學生體會母親懷孕的辛勞。

⑵利用學習單，了解媽媽在懷孕過程中，感到最歡喜和難過的事情。

⑶口頭分享，在活動過程中你學到什麼？

三、延伸活動

製作一張小卡，感謝媽媽辛苦的生下我們、養育我們長大。

參、學生將學會：

學習目標	對應之九年一貫課程能力指標	
一、知道自己是經由母親懷胎十月生下來的，並能體會母親懷孕的艱辛。	綜合 1-1-2	認識自己在家庭及班級中的角色。
二、能學會照顧自己，自己穿衣、吃飯。	健體 1-1-4	養成良好的健康態度和習慣，並能表現於生活中。
三、能協助媽媽分擔家務。	綜合 4-1-2	整理自己的生活空間，成為安全的環境。
四、能知道男女生在身體上的差異。	健體 1-1-3 健體 1-1-5	認識身體發展的順序與個別差異。 討論對於身體的感覺與態度，學習尊重身體的自主權與隱私權。

肆、小筆記：

伍、學習單：

（一）護蛋闖關卡

第一關	第二關
第三關	第四關

（過關後，要請關主蓋章喔！）

第一關中，我覺得最困難的是：
□很難前進　□很難彎腰蹲下去　□其他＿＿＿＿＿＿＿

第二關中，我覺得最困難的是：
□很難前進　□很難彎腰蹲下去　□其他＿＿＿＿＿＿＿

第三關中，我覺得最困難的是：
□擔心球掉下來　□怕和人相撞　□其他＿＿＿＿＿＿＿

第四關中，我覺得最困難的是：
□肚子大大的還要抱一個洋娃娃　□躺著睡覺不舒服
□其他＿＿＿＿＿＿＿

闖關完成，我最想說的一句話是：＿＿＿＿＿＿＿

做完這個活動，我要給自己打分數。＿＿＿＿＿＿＿

（二）親親寶貝，我的愛

　　小朋友，這是一項需要和媽媽一起完成的工作喔，和媽媽討論之後寫下你的答案吧！

　　我的生日是：＿＿＿＿月＿＿＿＿日

　　媽媽在懷孕的過程中，印象最深的是：

　　＿＿＿＿＿＿＿＿＿＿＿＿＿＿＿＿＿＿＿＿＿＿＿＿＿＿

　　＿＿＿＿＿＿＿＿＿＿＿＿＿＿＿＿＿＿＿＿＿＿＿＿＿＿

　　我要給媽媽的一句話是：

　　＿＿＿＿＿＿＿＿＿＿＿＿＿＿＿＿＿＿＿＿＿＿＿＿＿＿

找一張你小時候的照片貼在下面的框框中！

（三）男生、女生大不同

小朋友，男生和女生在身體上有些地方不一樣，你能找出不一樣的地方嗎？請你畫出一個男生、一個女生，把不一樣的地方特別畫出來喔！

男生	女生

小朋友，你有沒有發現這些不一樣的地方，有些可以從外表看出來，有些是被隱藏在衣服裡面，請你把它分類之後寫下來！

外表差異處：

隱藏在衣服裡面的差異處：

陸、評量標準：

評量標準		
編號	工作	評量細目
1	闖關活動	能完成四關的任務。
2	完成闖關卡	能用文字描述心中的感想。
3	學習單	⑴能學小記者，進行採訪（主角：母親）。 ⑵能將訪問的結果，用文字寫下來。
4	分擔家務	⑴能幫媽媽做些簡單家事，例如：倒垃圾、擦桌子。 ⑵能自己照顧自己，例如：自己洗澡、吃飯、穿衣服。
5	口頭評量	⑴能分享看完繪本的心得。 ⑵能說出闖關後的感想。 ⑶能對母親表達感謝、感恩的話。

柒、相關網站：

網站及網址	網站介紹
健康生活家 http://health.healthonline.com.tw/article/p333d.html	介紹生命的誕生過程、身體成長的變化，以及男女生在青春期所面對的問題，內容詳盡，簡單清楚，讓您一目了然。

捌、我的表現（評量表）：

我的表現如何？	學生自評			老師回饋		
	我真是有夠讚	我的表現還不錯	我還需要再加油	你真是有夠讚	你的表現還不錯	再加油一點會更棒
我能夠						
1 我能和同組同學一起進行闖關活動。						
2 我可以自己獨立完成闖關卡。						
3 我會當一個小記者訪問媽媽。						
4 我能自己完成學習單的內容。						
5 我會幫媽媽擦桌子、倒垃圾。						
我做到了						
1 我通過四個關卡。						
2 我會用文字描述自己的心情。						
3 我能擔任小記者的工作。						
4 我會幫媽媽分擔工作。						
5 我可以照顧好自己。						
我學會了						
1 我知道如何在團體生活中與人合作。						
2 我學會了採訪媽媽的方法。						
3 我會主動幫媽媽做家事，例如擦桌子。						
4 我能自己照顧自己，例如：穿衣服。						

◎老師想對你說的話：

玖、延伸閱讀：

書名	類別	作者	繪者	出版社	內容介紹
我從哪裡來？	繪本	彼得·梅爾	彼得·梅爾	遠流	書中明確的介紹男生、女生在身體構造上的不同，解決許多爸爸媽媽的困擾。跟孩子談論「性」，其實也可以活潑又自在。
媽媽沒告訴我	繪本	巴貝柯爾	巴貝柯爾	格林	小孩總是對大人提出一連串令人難以啟齒的問題，例如：為什麼大人的鼻子裡有毛髮？為什麼有些大人的頭會光禿禿的？肚臍的功能是什麼？這本書可以告訴你如何和孩子談這些問題！
有什麼毛病？	繪本	巴貝柯爾	巴貝柯爾	格林	巴貝柯爾用詼諧逗趣的筆法，描繪賀爾蒙如何在人體裡施魔法，它能讓年輕的男女，在身體上某個意想不到的地方長出捲捲的毛，讓他們滿臉痘痘、心情鬱卒，甚至還想談戀愛。
忙碌的寶寶	繪本	湯瑪士·史文生	湯瑪士·史文生	三暉	媽媽懷孕了，小強想像著媽媽肚子裡的小寶寶能做些什麼，透過小強的想像，寶寶在媽媽肚子裡開始忙碌起來。
忙碌的寶寶回家了	繪本	湯瑪士·史文生	湯瑪士·史文生	三暉	小寶貝出生了，但是小強更忙碌了，現在不再透過想像，而是真實的去照顧這個小寶貝。
薩琪到底有沒有小雞雞？	繪本	提利	戴爾飛	米奇巴克	在馬克思的思想中，世界上只有兩種人：一種人有小雞雞，他們比較強壯，會爬樹，也會畫長毛象；另一種人，他們就沒有小雞雞，只會玩洋娃娃，畫小花小草。但是，自從薩琪出現，馬克思完全搞糊塗了，為什麼薩琪又會爬樹，又會打架，難不成薩琪是有小雞雞的女生嗎？
我的小雞雞	繪本	山本直英	佐藤真紀子	維京國際	你是男生還是女生？如果是男生，你是怎麼知道的？男生和女生哪裡不一樣呢？本書介紹男女生的不同處，例如：生理構造、上廁所的方式……等，還提醒讀者注意到隱私的重要，並能尊重彼此。
小威向前衝	繪本	尼可拉斯·艾倫	尼可拉斯·艾倫	維京國際	小威是個小精子，他和三億個朋友一起住在布朗先生的身體中。游泳冠軍賽的日子越來越近，小威每天都很認真練習，他心想一定要游得超級快，才能贏得獎品——一個美麗的卵子。比賽結束時，發生了一件神奇的事！

【中階】　　　　　　　　　　　　　　　　　　生命成長

男生女生配

陳香吟

> 　　青春期前期的男生與女生在生理上產生不同的變化，這時異性之間開始
> 會產生好奇感。藉由本單元的活動，讓學生互相討論男生和女生之間的差
> 異，發現原來我們有些時候對男生和女生會有些刻板印象；藉由活動讓學生
> 了解到，在成長的過程中，學生應能接受自己，並接納他人與我不同之處，
> 維持兩性尊重與和諧的互動關係。

壹、在這個活動中，學生將要：

一、從活動發現生活中存在的性別刻板印象。

二、覺察自我對性別刻板印象的迷思。

三、說明兩性的異同與特質，並欣賞其差異。

四、能釐清刻板化性別迷思，探索性別平權的重要。

貳、教學活動：

一、活動步驟

㈠引起動機：

◎繪本導讀──《灰王子》（文、圖：巴貝柯爾，出版社：格林）

內容簡介：

　　灰王子和一般人想像中的王子不一樣。他滿臉雀斑、瘦得像皮包
骨。他有三個高大的哥哥，總是取笑他的長相。每次當哥哥們帶著女

朋友去參加舞會時，灰王子卻總得留在家裡做一大堆的家事。但是有個星期六的晚上，一位髒兮兮的仙子從煙囪上掉下來，改變了灰王子一生的命運！

(二)發展活動：

◎家事小管家

導讀《灰王子》的故事之後，老師和學生一同討論：

1. 作者和一般人對性別角色的看法有什麼不同？

2. 灰王子要做很多的家事，合理嗎？

3. 想想看，你們家裡有沒有一個「灰王子」或「灰姑娘」每天要任勞任怨的做家事？

4. 家事分工計畫。配合學習單（一）「小管家」，請學生與家人一同合作填寫家事分配表；如果有的同學家裡沒有分工，那就請學生依照自己所認為最適當的方法分配家事。

　　(1)我對我家家事分配的看法？

　　(2)男生／女生可以做的家事有哪些？

　　(3)男生可以做的家事裡，女生也可以做的有哪些？有沒有限制？為什麼你這麼認為呢？

　　(4)女生可以做的家事裡，男生也可以做的有哪些？有沒有限制？為什麼你這麼認為呢？

5. 計畫實踐與落實。擬定這張家事分配表之後，要實際在生活中落實。老師應進行親師溝通，一同引導小朋友擔任稱職的小管家。

(三)綜合活動：

◎男女都不能少

1. 你覺得男、女生各有什麼特點？（各給男、女生一個形容詞）

2. 教師針對學生的回答提問如下：

　　(1)是不是所有的男生都比較粗心，力氣比較大？你怎麼知道的呢？

　　(2)是不是有的男生也很細心？為什麼？

　　(3)是不是所有的女生都比較細心，力氣比較小？你怎麼知道的呢？

　　(4)是不是有的女生力氣也很大，可以做粗重的工作？為什麼？

⑸你覺得男女生適合做哪些事？玩什麼遊戲？為什麼？

3.結論：不論男生或女生都有其個人的特質，運用每個人發展的特質，截長補短、分工合作，才能創造出和諧的班級氣氛。

二、延伸活動

◎誰是最佳店長？

㈠老師首先提問：「今天你們都是小小老闆，規畫開一間店，請問你們心中想開什麼店？」請學生將心中的答案寫在紙條上，老師將學生交回的紙條整理在黑板上，歸納出大家的答案。

男生	女生
1. ……	1. ……
2. ……	2. ……

㈡看黑板上歸納的結果，女生的選擇與男生的選擇有沒有差異？

㈢請同學發表看看，你選擇開這家店的依據是什麼？

　1.教師提出一些疑問：「大家心中覺得男生／女生可以開的店有哪些？你發現了什麼？可以看出各有什麼特徵嗎？」

　2.為什麼大家認為有的工作由男生擔任較適合，有些卻由女生擔任較適合？你是根據什麼判斷？（性別、力氣、能力或細心程度？）

　　⑴哪些工作由男生擔任的比例較高，是不是所有男生都適合這項工作？如果由女生擔任，適合嗎？為什麼？是不是所有女生都不適合這項工作？

　　⑵哪些工作由女生擔任的比例較高，是不是所有女生都適合這項工作？如果由男生擔任，適合嗎？為什麼？是不是所有男生都不適合這項工作？

㈣教師引導學生討論，讓學生在討論的過程中進行反思。

㈤統整：經過討論之後，請學生規畫與設計，畫出心目中的理想店面藍圖。

參、學生將學會：

學習目標	對應之九年一貫課程能力指標	
一、能與家人合作記錄學習單內容。	健體 6-2-5	了解並培養健全的生活態度。
二、能以適當中肯的語詞表達自己意見。	語文 C-2-1-1-1	在討論問題或交換意見時，能清楚說出自己的意思。
	語文 C-2-2-2-2	能針對問題，提出自己的意見或看法。
	語文 C-2-2-8-6	能具體詳細的講述一件事情。
	語文 C-2-4-9-1	能抓住重點說話。
三、能主動積極的參與討論及活動。	語文 C-2-1-1-1	在討論問題或交換意見時，能清楚說出自己的意思。
	語文 C-2-3-4-1	他人與自己意見不同時，仍樂意與之溝通。
四、釐清刻板化性別迷思，欣賞兩性的異同與特質。	社會 6-2-4	說明不同的個人、群體（如性別、種族、階層等）與文化為何應受到尊重與保護，以及如何避免偏見與歧視。
	綜合 1-2-3	舉例說明兩性的異同，並欣賞其差異。
	健體 1-2-5	檢視兩性固有的印象及其對兩性發展的影響。
五、能規畫與設計心中理想的店。	藝文 3-2-10	認識社區內的生活藝術，並選擇自己喜愛的方式，在生活中實行。

肆、小筆記：

伍、學習單：

（一）小管家

　　家事應該由家中每一位成員共同來分擔，觀察你們家裡的家事是如何分配的？請記錄下來。如果家裡沒有固定的家事分配，就請你寫下心中覺得適當的分配方式。

稱謂	家事分擔	分配依據	時間分配	適當嗎？你覺得要怎麼分配比較適當？
例如：爸爸	倒垃圾	當作晚餐後的運動	每天晚上	適當；家事該要輪流分配比較公平。

（二）男女都不能少

　　小朋友，試試看！你可以找出更多形容詞或成語，來分別形容男女生的特質嗎？例如：膽大心細、文質彬彬、溫柔敦厚……。

　　例句：爸爸照顧盆栽的時候心細如髮。

　　例句：我覺得媽媽有時候也可以力大無窮。

形容詞／成語	我會造句

（三）店面設計師

　　開一家自己喜歡的店，是很多人的夢想。如果你／妳今天成為老闆，會開一家什麼樣的店呢？為什麼？也請把夢想中的店畫下來。

我開的是一家＿＿＿＿＿＿＿＿店。

我要開這一家店的原因：＿＿＿＿＿＿＿＿＿＿＿＿＿＿＿＿＿＿＿＿＿＿＿

＿＿＿＿＿＿＿＿＿＿＿＿＿＿＿＿＿＿＿＿＿＿＿＿＿＿＿＿＿＿＿＿＿＿＿＿

＿＿＿＿＿＿＿＿＿＿＿＿＿＿＿＿＿＿＿＿＿＿＿＿＿＿＿＿＿＿＿＿＿＿＿＿

※店面設計圖：

陸、評量標準：

評量標準		
編號	工作	評量細目
1	能觀察並記錄	能仔細觀察同學並公平客觀的記錄。
2	能和同學分享與報告	以積極的態度參與討論，並以清晰、適當的言詞發表自己的想法。
3	會檢討與反省	覺察自我對性別刻板印象的迷思，釐清刻板化性別印象。
4	能完成學習單	詞句的流暢度、遣詞用字的正確性，及完成過程的確實程度。
5	能規畫心中理想店面的藍圖	計畫與設計的用心程度，規畫自我努力的方向。

柒、相關網站：

網站及網址	網站介紹
友緣基金會 http://www.yoyuen.com.tw/index.htm	公布活動訊息，刊錄相關文章等，並提供線上諮詢服務，宣導「愛、責任、關懷」的理念，協助個人了解自身和他人的個性、想法，從而相互尊重、關懷。
台灣人權促進會 http://tahr.yam.org.tw/	提供有關於人權新聞、行動專案、人權知識、文獻、出版品（人權報告）等資訊，並可訂閱電子報、連結至國內外的相關網站。
九年一貫綜合活動教學資訊網 http://course.ncue.edu.tw/	教材教法——兩性關係連結中，提供教材方案等資源，可以搜尋到相關的書籍或網站。
台灣婦女網路論壇 http://forum.yam.org.tw/women	一般人對兩性有許多觀念和態度上的偏狹，必須從對兩性的了解來進行價值觀的澄清，本網站提供兩性教育的健康討論空間。

捌、我的表現（評量表）：

我的表現如何？						
	學生自評			老師回饋		
	我真是有夠讚	我的表現還不錯	我還需要再加油	你真是有夠讚	你的表現還不錯	再加油一點會更棒
我能夠						
1 我會舉手發表我的意見。						
2 我能用適當的文字清楚表達我的想法。						
3 我可以和他人一同討論與計畫。						
4 我學會兩性要和諧共處。						
5 我能在生活中落實我的家事分配表。						
6 我會反省和檢討生活中存在的性別刻板印象。						
我做到了						
1 我能和家人合作，確實完成學習單的內容。						
2 我能規畫與設計我的店面藍圖。						
3 我能以尊重他人的言詞發表己見。						
4 當別人發表意見時我能專心聆聽。						
我學會了						
1 我會釐清生活中性別的刻板印象。						
2 我能用正確的溝通方式與同學討論。						
3 我能接納自己的優缺點，並設法改進缺點。						
4 我學會欣賞兩性之間的差異和特質。						

◎老師想對你說的話：

玖、延伸閱讀：

書名	類別	作者	繪者	出版社	內容介紹
頑皮公主不出嫁	繪本	巴貝柯爾	巴貝柯爾	三之三	史瑪蒂公主從不想結婚，面對皇后不斷逼婚，公主宣布，只要有人能完成她交代的任務，她就嫁給他！故事中一反傳統公主與王子的形象。
紅髮安妮	繪本	蒙哥瑪莉	夏琳娜	志文	紅髮女孩是個孤兒，本來要被賣作女傭，被好心的兄妹收養，求學時被同學欺負，被鄰人另眼對待。但後來她能有一份成就，對死去的叔叔總算無愧。
紙袋公主	繪本	羅伯特‧謬斯克	邁克‧馬薛可	國語日報	依莉莎公主不久要和王子結婚，不料被一隻火龍搗毀她的一切。為了救王子，奮勇的依莉莎全身只剩下一只紙袋遮蔽身體，但靠著她的機智，終於打敗了火龍。這個故事顛覆傳統，倡導兩性平權。
朱家故事	繪本	安東尼‧布朗	安東尼‧布朗	國語日報	爸爸和兒子們整天都只會茶來伸手，飯來張口。媽媽離家後，家裡變得亂糟糟，懶惰的父子也變成了豬的模樣，日子不知道要怎麼過下去。後來媽媽回來了，從此不分男女老小，全家一起分擔家務。
喬治與瑪莎系列	繪本	詹姆斯‧馬歇爾		遠流	公河馬喬治與母河馬瑪莎是好朋友，他們總是隨時為朋友著想。以兩隻河馬發生的「事」與「情」為題材，讓讀者在幽默的小故事中體會周邊的事物與人際關係的智慧。
自己的顏色	繪本	雷歐‧里歐尼文	雷歐‧里歐尼文	遠流	變色龍沒有自己的顏色，走到哪兒顏色就跟著改變。他停在葉子上，以為自己可以一直都是綠色。但是當葉子變黃，變色龍也變成了黃色；當葉子掉下來了，變色龍也跟著掉下來。有一天，他遇見另外一隻變色龍，決定要一塊兒變色。從此以後，兩隻變色龍過得好快樂。
我最討厭你了		珍妮絲梅尤德里文	珍妮絲梅尤德里文	遠流	吉姆每次都想當王；每次都要拿旗子；不肯借我蠟筆；還用沙子丟人……所以，我最討厭他了。可是，「吉姆！要不要去溜冰？」「好啊！圈圈餅分一半給你。」「謝謝你，吉姆。」於是兩人又是最好的朋友了。作者藉著描繪孩子們與同伴間相處時，常見的情緒及行為反應，勾畫出友誼的真誠。

書名	類別	作者	繪者	出版社	內容介紹
威廉的洋娃娃	繪本	夏洛特·佐羅托	夏洛特·佐羅托	遠流	威廉想要一個洋娃娃，奶奶來了，不但實現了威廉長久以來的心願，並且讓爸爸了解玩洋娃娃的男孩其實沒有什麼不好。這是一本幫助兒童了解「愛與平等」的繪本。
穿過隧道	繪本	安東尼·布朗	安東尼·布朗	遠流	哥哥和妹妹很不一樣，一個調皮好動，一個膽小文靜。有一天，他們來到一個隧道前面，哥哥鑽進去探險，妹妹在外面等了好久，都不見哥哥出來，於是，妹妹也走進了隧道。她看到哥哥變成一塊石塊，嚇得抱住石頭。沒想到，哥哥的身體逐漸有了體溫……
喜歡自己	勵志	蓓特·帕爾摩	蓓特·帕爾摩	生命潛能	激發潛能、發揮力量的第一步便是「喜歡自己」。本書作者告訴你如何接受自己、承認自己的喜怒哀樂，以及說出心中的話，真正做一個解放自我、快樂過活的人。
像我平常那樣	繪本	瑪麗·荷·艾斯文	瑪麗·荷·艾斯文	遠流	有一天早晨，「我」學小貓比第走路，收起翅膀，學公雞走路。然後，假裝像懶豬波爾泡在泥漿裡睡覺。學兔子跳，學蛇在草地上鑽來鑽去，學母牛露露一邊吃草、一邊走路的模樣。學白鵝、老馬、松鼠、山羊、青蛙、烏龜的樣子。直到看到爸爸，我才不再學別的動物。我像平常那樣跑了起來，迎向爸爸。
奧利佛是個娘娘腔	繪本	湯米·狄咆勒	湯米·狄咆勒	遠流	大家將男孩與女孩可以玩的、應該學的、必須做的，區分為二，嚴格把關；如果男孩踏入女孩區，就被譏為「娘娘腔」，而女孩踏入男孩區，就被叫作「男人婆」。這一把社會大尺，不知扼殺了多少男孩女孩的興趣，傷透了他們的心。不過令人覺得幸運的是，奧力佛有個真正了解他、鼓勵他的媽媽，終能轉悲為喜。
薩琪想要一個小寶寶	繪本	提利	戴爾飛	米奇巴克	書中女主角——薩琪是個深具觀察力與好奇心的小女孩，有一天，她莫名其妙地問同學馬克思愛不愛她，當馬克思回答「愛」時，她竟然要求和他生個小寶寶。
薩琪到底有沒有小雞雞？	繪本	提利	戴爾飛	米奇巴克	薩琪出現了之後，馬克思的腦袋就常出現一個問題：「這個女生到底有什麼毛病？」薩琪不但會畫長毛象還會爬樹，每次打架都贏。馬克思覺得很奇怪，難道……她是有「小雞雞」的「女生」嗎？馬克思決定要調查清楚。

【進階】

性別停看聽

李燕梅

> 青春期的男生和女生，期待自己成長的喜悅以及與異性相處的好奇心，讓他們在此懵懂時期，產生特殊的相處方式。藉由廣告媒體傳達男女生相處的情形，並透過討論的方式，讓青澀的男女生選擇一套屬於自己的相處模式。

壹、在這個活動中，學生將要：

一、聆聽繪本導讀，並提出自己的看法。

二、觀賞媒體廣告，與同學討論班級中男女生相處的模式。

三、分組創作兩性相處廣告，透過分組討論，創作劇本。

四、透過表演與全班分享創作廣告的表演。

貳、教學活動：

一、活動步驟

㈠引起動機，透過《愛在那裡口難開》（文：澤普，海倫布勒作，李桂蜜譯，出版社：格林）導讀，並討論青春期男女生在生理與心理上的變化。

㈡透過視聽媒體來觀賞相關兩性友誼的電視廣告（例如：一九九一年黑松汽水廣告——教室篇、中華電信 ADSL 寬頻服務——金剛飛拳篇等等）。

㈢與學生討論廣告中男女生相處的情境，並分享班級中男生與女生的相處情形。

㈣「非廣告時間」，學生分組討論編寫一齣新的廣告劇本，廣告內容必須與男女生相處方面相關。

㈤各組將創作的新廣告透過表演方式，與全班分享各組的創意。

二、延伸活動

　　以各組劇本為主，讓學生重新分配廣告的角色，不限同組的組員，可選出班上適合的學生演出。

三、廣告簡介

㈠黑松汽水廣告──教室篇

　　在過去，男生、女生坐一起時，桌子上總有著用粉筆畫的一條界線，誰也不准超過界線，最後男生、女生將界線擦掉，彼此心中沒有界線。

㈡中華電信ADSL寬頻服務──金剛飛拳篇

　　回想小學時，男生的金剛飛拳不小心打到女生，淒慘的下場是無敵鐵金剛的飛拳被女生丟到窗外，再也找不回來。男生小時候開玩具店的夢想在多年後實現，男生收到最大的一份祝賀是，女生將當年的金剛飛拳送回給男生當作禮物。

參、學生將學會：

學習目標	對應之九年一貫課程能力指標	
一、透過繪本導讀認識青春期男女生在生理與心理上的不同。	健康 1-2-4	探討各年齡層的生理變化，並有能力處理個體成長過程中的重要轉變。
	語文 B-2-2-7-8	能簡要歸納聆聽的內容。
	語文 E-2-4-7-4	能將閱讀材料與實際生活情境相聯結。
二、透過媒體廣告讓學生了解兩性相處的情境與模式。	健康 1-2-5	檢視兩性固有的印象及對兩性發展的影響。
	健康 1-2-6	解釋個人與群體對性方面之行為，表現出不同的信念與價值觀。
	語文 C-2-2-3-3	能轉述問題的內容，並對不理解的問題，提出詢問。
三、發揮團體合作的精神，完成劇本的創作與創作廣告的表演。	語文 F-2-4-3-1	能應用改寫、續寫、擴寫、縮寫等方式寫作。
	語文 F-2-10-2-1	能在寫作中，發揮豐富的想像力。
	健康 6-2-3	參與團體活動，體察人我互動的因素及增進方法。

肆、小筆記：

伍、學習單：

（一）青春非廣告

廣告名稱：＿＿＿＿＿＿＿＿＿＿＿＿＿＿＿＿＿

廣告詞：＿＿＿＿＿＿＿＿＿＿＿＿＿＿＿＿＿

導演：＿＿＿＿＿＿＿

編劇：＿＿＿＿＿＿＿

演員（角色）：＿＿＿＿＿＿＿＿＿＿＿＿＿＿＿

＿＿＿＿＿＿＿＿＿＿＿＿＿＿＿＿＿＿＿＿＿＿

道具：＿＿＿＿＿＿＿＿＿＿＿＿＿＿＿＿＿

劇本內容：

（二）廣告一把罩

哪些廣告令你印象深刻呢？請填入下面的表格中。

廣告商品 +	廣告名言 =	創意指數（✓）
		😦 😐 😊
		😦 😐 😊
		😦 😐 😊

廣告設計單（試試看，將小組的廣告添加一些你的創意）

◎你的廣告名稱：＿＿＿＿＿＿＿＿＿＿＿＿＿＿＿＿＿

◎你的廣告商品：＿＿＿＿＿＿＿＿＿＿＿＿＿＿＿＿＿

◎把你的廣告商品畫下來：

◎你的廣告名言：＿＿＿＿＿＿＿＿＿＿＿＿＿＿＿＿＿

＿＿＿＿＿＿＿＿＿＿＿＿＿＿＿＿＿＿＿＿＿＿＿＿＿＿

陸、評量標準：

評量標準		
編號	工作	評量細目
1	閱讀繪本、團體討論	⑴能透過繪本導讀共同討論繪本內容與心得感想。 ⑵分組討論日常生活當中男生女生兩性相處的經驗。
2	欣賞廣告內容	⑴透過兩性廣告影片觀賞，說出觀賞廣告影片的心得與感想。 ⑵透過分組討論，說出男女生相處模式的優點與缺點。
3	編寫廣告劇本	⑴透過訪談、書籍查閱、網路搜尋，蒐集相關兩性關係的小故事與資訊。 ⑵分組討論編寫兩性關係小廣告，完成劇本編寫。
4	製作廣告道具及演出	⑴分組合作製作廣告用道具與服裝。 ⑵配合完成廣告演出，認真參與自己負責的工作。

柒、相關網站：

網站及網址	網站介紹
台灣 CF 歷史資料館 http://cf.nctu.edu.tw/	提供教育參考用的廣告影片，內容有各種性質的廣告，配合教學需要，可從中找到符合教學需要的廣告。
杏陵基金會 http://140.118.9.116/mercy/	此網站提供性教育知識，內容涵蓋性教育的專業知識與相關書籍，還有性教育相關媒體教材的簡介。

捌、我的表現（評量表）：

我的表現如何？					
	學生自評			老師回饋	
	我真是有夠讚	我的表現還不錯	我還需要再加油	你真是有夠讚	你的表現還不錯	再加油一點會更棒

我能夠

1 我能按照老師的指示完成活動。						
2 我能專心聆聽同學的討論，並適時提供自己的意見。						
3 我能和小組成員分工合作，完成廣告編寫與演出。						
4 我能當個好觀眾，欣賞別組廣告的演出。						

我做到了

1 我可以與小組討論主題內容和心得感想。						
2 我可以專心欣賞廣告影片。						
3 我可以蒐集兩性關係的相關資訊。						
4 我可以完成廣告劇本編寫與演出。						

我學會了

1 我知道這個主題的內容與意義。						
2 我知道透過閱讀、訪談、網路搜尋找到有關的資料。						
3 我知道如何編寫廣告劇本。						
4 我學到如何與他人分享及分工合作的經驗。						
5 我能將學習到的正確兩性相處模式運用到日常生活中。						

◎老師想對你說的話：

_____

_____

_____

玖、延伸閱讀：

書名	類別	作者	繪者	出版社	內容介紹
紙袋公主	繪本	羅伯特·謬斯克	邁克·馬薛可	智茂	依莉莎公主不久要和王子結婚，不料被一隻火龍搗毀她的一切。為了救王子，奮勇的依莉莎全身只剩下一只紙袋遮蔽身體，靠著她的機智終於打敗了火龍。可是，王子竟然嫌她髒。公主發現王子的真面目，就沒嫁給他。
頑皮公主不出嫁	繪本	巴貝柯爾	巴貝柯爾	格林	史瑪蒂公主從不想結婚，她只想和她心愛的寵物住在城堡裡，想做什麼就做什麼。但皇后媽媽不斷對小公主逼婚，於是公主宣布，只要有人能完成她交代的任務，她就嫁給他！結果只有一位王子完成了這項艱鉅的任務。
我有什麼毛病？	繪本	巴貝柯爾	巴貝柯爾	格林	小女孩問熊熊：「你知道什麼時候我才算真正的長大呢？」熊熊說：「這得看負責管理小孩長大的賀爾蒙夫婦喲！」賀爾蒙夫婦會讓年輕時的爸媽滿臉痘痘，情緒不穩定，還會在某些特定的地方長出捲捲毛喲！連賀爾蒙夫婦養的狗也會調配一種神奇的藥，讓你的父母好愛好愛對方。
灰王子	繪本	巴貝柯爾	巴貝柯爾	格林	灰王子又瘦又小，沒有三位哥哥高大、強壯，當哥哥參加舞會時，灰王子必須留在家裡打掃。有一天，一位小仙女從煙囪掉進了灰王子身旁，她答應實現灰王子的願望，變得跟哥哥一樣又高又壯、毛髮又黑又長。結果，迷糊的仙女竟把灰王子變成了一隻怪東西。
紅公雞	繪本	王蘭	張哲銘	信誼	紅公雞在散步時發現一顆蛋，問了半天也沒有人知道到底這顆蛋是誰的，紅公雞決定要像母雞一樣呵護這顆蛋，蛋破了，紅公雞成為了一個好爸爸。
導ㄟ，有男生愛女生（國中版）	小說	毛治平		小兵	介紹男生女生在青春期上的身體變化，藉由老師的身分與學生分享兩性相處的經驗，建立學生正確的兩性觀念。

我的家

初階 有緣才能作伙

中階 我的祖先是恐龍

進階 我家的這本經

【初階】

有緣才能作伙

魏慶雲

家庭是社會的基本單位，有和諧快樂的家庭，才能組成幸福樂利的社會。但現今的孩子，出生起便受到父母、親人無微不至的照顧，一切的關懷都彷如理所當然，也漸漸養成「只受不施」的習慣。藉由閱讀、聆聽，讓孩子們能夠珍惜父母的愛，同時願意付出自己的關懷來回饋父母。

壹、在這個活動中，學生將要：

一、從各種短文當中，分辨出哪些是關於家人互相關懷的文章，並能說出文中所說的情感屬於哪一種（教師應先蒐集不同種類的文章，以供學生評定）。

二、說出家人相處及長輩管教的方式，與他人分享。

三、描述家中成員的行為特徵、外貌長相，及彼此表達關心的方式。

四、寫下一段話給那位照顧自己長大的人，表達你對他／她的感激。

五、想想自己可以用何種行動，具體回報家人的愛與照顧。

六、找出與家庭有關的童謠或歌曲，與同學分享，並說出聽了這首歌後的感覺（延伸活動）。

貳、教學活動：

一、活動步驟

㈠事先剪貼各種短文，可以是親子相處、學習心得、旅遊筆記，也可以

是寵物飼養……等，提供學生閱讀。並將學生分組，最好三、四人一組，以免學生表達機會不夠。發給每組二篇短文（其中一篇為親子相處的文章，一篇不是），令其討論文章內容，並找出敘述親子關係的短文（範例附錄於後）。

㈡將討論結果記錄於下表：

第＿＿＿＿＿組閱讀報告			
文章名稱	是討論親子相處的文章嗎？	文章中提到的角色	美詞佳句

組員：＿＿＿＿＿、＿＿＿＿＿、＿＿＿＿＿、＿＿＿＿＿。

請各組派一人公布討論的結果，一人朗誦正確的文章，一人說明認為這篇是描述親子相處的原因，一人利用美詞佳句造句。

㈢介紹家中成員人數、個性、嗜好等，並舉例說明自己小時候所需要的照顧，而照顧自己的人以何種方式付出關心與愛。對於自己不對的行為，長輩又是如何處理？為何會如此處理？對於長輩這樣的管教方式能接受嗎？知道長輩為何會以這種方式管教嗎？希望能夠被何種方式對待？要如何做才會如願？

㈣討論：在家中可以做的事有哪些？做這些事能給家人帶來何等的方便？能為父母做些什麼？當我們這樣做之後，父母的感覺如何？

㈤分組討論出一句想對辛苦養育自己長大的人說的話，並說明為什麼要說這句話。

二、延伸活動

㈠教唱童謠：「妹妹揹著洋娃娃」、「我家門前有小河」、「母鴨帶小鴨」、「媽媽的眼睛」、「母親您真偉大」、「甜蜜的家庭」、「遊子吟」、「我的家」、「搖籃曲」……等，並一起研討歌詞，彼此分享從歌詞裡得到的感覺。

㈡將感覺記錄在學習單上。

◎範文一：毛毛歷險記　　　　　　　　　　　　文：魏慶雲

　　毛毛是我家的小狗，牠是我七歲的時候爸爸送給我的生日禮物。那時候毛毛才只有三個月大，爸爸、媽媽還幫我布置了一個很舒適的窩給毛毛住。現在我已經十歲了，這三年中，毛毛和我幾乎形影不離。我們最喜歡到公園去運動，毛毛和我最喜歡玩捕手的遊戲，那就是：我丟球，毛毛去接。毛毛是個最佳捕手，很少漏接球呢！

　　有一天，我帶著毛毛最喜歡的球，和牠一起到公園玩牠最喜歡的接球遊戲。玩著、玩著，一位叔叔走過來，他問我：「敏盛醫院在哪裡？」我告訴他：「就從這裡過去兩條馬路，再左轉就到了。」可是不管我怎麼說，那位叔叔都搞不懂方向，我只好走到公園門口，指給他看。可是等我回到公園廣場，毛毛卻……不見了。

　　我到處找，到處叫，但是不管我怎樣找，毛毛都沒有回應，我好傷心。回家後，爸爸媽媽幫我做了許多「尋狗海報」，我到社區及公園附近的公布欄去張貼。可是，一天過去了、兩天過去了、三天……轉眼間一個星期都過去了，毛毛依舊毫無音訊。我很失望，心想：「毛毛一定再也回不來了。」但在這個時候，電話鈴響了，一位阿姨傳來了好消息——她發現毛毛了。

　　我把毛毛接回家，可憐的毛毛全身都是傷。阿姨說，她是在敏盛醫院後面的一條小巷子看到毛毛的，我想：「毛毛一定是以為我被那位問路的叔叔騙了，所以才跑到敏盛醫院要去救我的。」從這次事情以後，我要更小心的照顧毛毛，也要更小心的照顧自己，不再讓關心我的人為我擔心。

◎範文二：最後一片葉子

改寫：魏慶雲

　　曉華從小身體就不好，時常進出醫院，每次一進醫院，就總要住個十天半個月的。因此，曉華不能和小朋友們在外面一起跑跑跳跳，也沒辦法正常的上學。每次到學校，看著同學們在操場上快樂的身影，回到教室後汗濕的衣衫、紅潤的臉頰，曉華都羨慕不已。

　　這次曉華又住院了。雖然醫院裡的醫生護士們對曉華都非常好——尤其是護理長比莉阿姨。比莉阿姨常常會陪著曉華聊天，還會說故事、講笑話給曉華聽。但是，曉華想著自己總是不能在陽光下奔跑、歡笑，心中一直沒辦法輕鬆起來。躺在病床上，曉華所有的世界，就是病床旁窗外的那一小片世界。曉華常常看著窗外，想著：「我這次大概沒辦法出院了吧！我的身體大概再也不能支撐下去了吧！」這時他發現，窗外圍牆邊大樹的葉子也正一片片掉落。他的心情更加沉重，他覺得自己的生命力，正像這棵大樹一樣，一點一點的在流失。

　　媽媽發現曉華常常看著窗外喃喃自語，人也一天天虛弱下去，非常擔心。她請比莉阿姨幫忙注意，希望知道曉華到底有什麼心事？終於，她們聽到曉華說：「快了！快了！葉子就要掉完了，我也快要死掉了。」媽媽心裡好難過呀，她不希望曉華這樣喪氣，她想鼓勵曉華振作起來，但是她該怎麼辦呢？

　　這天晚上，一陣狂風暴雨，曉華想：「葉子恐怕禁不起這樣的風雨吧？明天所有的葉子大概就都會掉落了吧！我也不會再好起來了。」第二天天亮，比莉阿姨把窗戶打開，曉華無力的看著窗外，但是，樹上竟然還有一片葉子！曉華簡直不敢相信自己的眼睛。一整天他都注視著這片葉子，看著這片葉子什麼時候會隨風飄落，

直到晚上，葉子依舊停駐在枝頭上。夜裡曉華無法安然入睡，因為他牽掛著那片堅持在樹上的葉子。

第二天早上，比莉阿姨打開窗戶，哇！葉子還在。曉華看著這片堅強的葉子，心裡好高興呀，他的心裡忍不住要為這片葉子加油。

第三天早上，比莉阿姨打開窗戶，哇！葉子還在。

第四天，哇！葉子還在。

第五天，哇！葉子還在。

第六天，哇！葉子還在。（註一）

....

可能是因為曉華的加油，葉子始終沒有被風雨打敗，曉華的身體也一天天地強壯起來。終於，曉華要出院了，媽媽和比莉阿姨帶著曉華到樹下，看那片不屈服的葉子。這時曉華才發現，那片一直鼓勵著他的葉子，是媽媽在那個暴風雨的夜晚，爬上牆頭畫在牆上的。

曉華終於知道：一直鼓勵著他堅強起來的，原來是媽媽的愛。這時他只想對媽媽說一句：「媽媽，我愛你。」（註二）

——改編自〈最後一片葉子〉

註一：老師若為學生誦讀時，可只唸前半句，讓學生接後面的重複部分。
註二：這句話可以留白，讓學生自行發表。

參、學生將學會：

學習目標	對應之九年一貫課程能力指標	
一、分辨出文章中主要的情境與主題，並能適切的表達。	語文 A-1-4	能應用注音符號輔助識字，擴充閱讀。
	語文 E-1-4-2-2	能和別人分享閱讀的心得。
	語文 E-1-7-7-3	能從閱讀的材料中，培養分析歸納的能力。
二、適當描述具體行為、外貌特徵與情緒感覺的詞句。	語文 C-1-1-10-13	說話聲音清晰，語法正確，速度適當。
	語文 C-1-4-7-1	發言不偏離主題。
	語文 C-1-4-9-3	能依主題表達意見。
三、明確的用句子表達心中感恩及期待。	語文 A-1-2	能應用注音符號表達情義，分享經驗。
	語文 F-1-2-1-1	能運用學過的字詞，造出通順的句子。
四、藉由事前的計畫，適當的管理自我。	語文 A-1-5-7-2	能應用注音符號，輔助記錄訊息。
	語文 C-1-1-7-11	能用完整的語句，說出想要完成的事。

肆、小筆記：

伍、學習單：

（一）我家的人

我的家裡有＿＿＿＿＿＿個人。

家人的照片：

家人的介紹：

關係	名字	身高	體重	最喜歡吃的食物	最常說的話	最討厭的事

（二）我長大了

◎從小到大，照顧我最辛苦的人是：＿＿＿＿＿。

◎我要問問這位照顧我最辛苦的人：他／她為了照顧我，曾經做過的最辛苦的事情是：＿＿＿＿＿＿＿＿＿＿＿＿＿＿＿＿＿＿＿

＿＿＿＿＿＿＿＿＿＿＿＿＿＿＿＿＿＿＿＿＿＿＿＿＿＿

◎這件事情發生的時間在：＿＿＿＿＿＿＿＿＿＿＿

◎這件事情發生的原因是：＿＿＿＿＿＿＿＿＿＿＿

◎這件事情讓照顧我的人覺得：＿＿＿＿＿＿＿＿

＿＿＿＿＿＿＿＿＿＿＿＿＿＿＿＿＿＿＿＿＿＿＿＿＿＿

＿＿＿＿＿＿＿＿＿＿＿＿＿＿＿＿＿＿＿＿＿＿＿＿＿＿

◎這件事情讓我覺得：＿＿＿＿＿＿＿＿＿＿＿＿＿＿

＿＿＿＿＿＿＿＿＿＿＿＿＿＿＿＿＿＿＿＿＿＿＿＿＿＿

＿＿＿＿＿＿＿＿＿＿＿＿＿＿＿＿＿＿＿＿＿＿＿＿＿＿

◎我想對照顧我的人說：＿＿＿＿＿＿＿＿＿＿＿＿

＿＿＿＿＿＿＿＿＿＿＿＿＿＿＿＿＿＿＿＿＿＿＿＿＿＿

＿＿＿＿＿＿＿＿＿＿＿＿＿＿＿＿＿＿＿＿＿＿＿＿＿＿

◎現在我長大了，我可以為他／她做的事情有：＿＿＿＿＿＿＿＿＿＿＿＿＿＿＿＿＿＿＿＿＿

＿＿＿＿＿＿＿＿＿＿＿＿＿＿＿＿＿＿＿＿＿＿＿＿＿＿

＿＿＿＿＿＿＿＿＿＿＿＿＿＿＿＿＿＿＿＿＿＿＿＿＿＿

（三）感恩的旋律

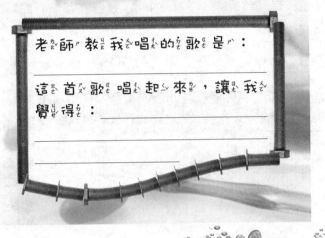

老師教我唱的歌是：

_____

這首歌唱起來，讓我覺得：_____

_____

_____

我也要寫一首歌：

這首歌的歌詞中，我最喜歡的一句是：

因為：

（四）家人的特徵調查表

小朋友：你有沒有發現，家裡的人長得都有點像呢？咱們來做個調查吧！

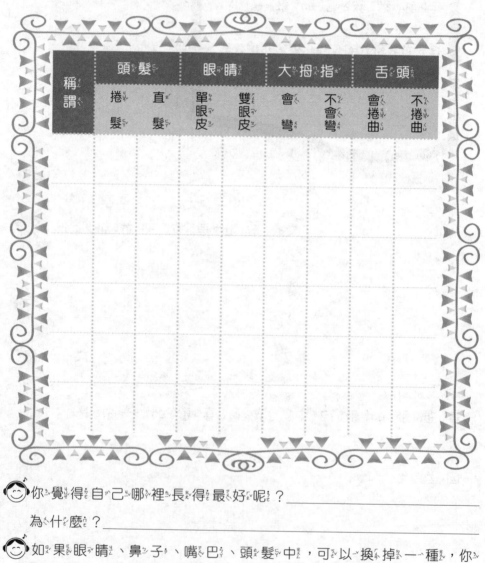

稱謂	頭髮		眼睛		大拇指		舌頭	
	捲髮	直髮	單眼皮	雙眼皮	會彎	不會彎	會捲曲	不捲曲

你覺得自己哪裡長得最好呢？＿＿＿＿＿＿＿＿

為什麼？＿＿＿＿＿＿＿＿＿＿＿＿＿＿＿＿＿＿

如果眼睛、鼻子、嘴巴、頭髮中，可以換掉一種，你會換哪一樣？＿＿＿＿＿＿＿＿＿＿＿

為什麼？＿＿＿＿＿＿＿＿＿＿＿＿＿＿＿＿＿＿

陸、評量標準：

評量標準		
編號	工作	評量細目
1	共同閱讀	能依序與同學一同閱讀文章。
2	分組合作	能適當分配同組成員的工作，並做好自己的部分。
3	介紹自己及家人	會運用適當的詞句介紹家人的特色，並能安靜聆聽他人的表達。
4	說出一句感恩的話	會適切的說出心中的感覺，並加以整理歸納為一句話。
5	參與討論	在分組討論中會積極發表，也會尊重他人發言的機會。

柒、相關網站：

網站及網址	網站介紹
國語日報 http://www.mdnkids.org.tw	為國語日報社的網站，除了有國語日報、國語週刊、小作家等內容外，更提供新書資訊。
文建會兒童文化館 http://www.cca.gov.tw/children	有每月選書、美術館、圖書館、互動區等單元頁，內容包羅萬象，可以提供許多資料。
管家琪故事網站 http://www.autoshop.com.tw	有管家琪週刊的內容，也提供網路圖書館下載試用的服務。
小河兒童文學 http://163.20.59.3/funa/	顏福南老師和賴伊麗老師共同製作的網站，裡面有許多兒童文章可以參考，也有大人的作品。
信誼基金會 http://www.hsin-yi.org.tw/	分為給父母、給親子、給幼師三部分，也涵蓋信誼的出版品，是關心兒童發展的父母、師長很好的參考網站。
湖西魚肚白的快樂世界 http://www.fses.chc.edu.tw/~jyz/ myliterature	彰化湖西國小的網站，裡面有許多學生的精采作品，可以在網站裡看到學生的創意，以及老師們的心血。

捌、我的表現（評量表）：

我的表現如何？	學生自評			老師回饋		
	我真是有夠讚	我的表現還不錯	我還需要再加油	你真是有夠讚	你的表現還不錯	再加油一點會更棒
我能夠						
1 我能在分組討論時安靜聆聽別人的意見。						
2 我能安靜的讀老師給我們的剪報。						
3 我能和同學一起討論文章內容。						
4 我能清楚的介紹我的家人的特色。						
5 我能明白的說出我想對家人說的話。						
6 我能計畫自己可以為家人做的事。						
我做到了						
1 我關心我的家人。						
2 我對照顧我的人說出我的感謝。						
3 我保護自己不讓家人擔心。						
4 我自己的工作自己完成。						
我學會了						
1 我會將閱讀心得寫出來。						
2 我會用一句話表示感謝。						
3 我會幫忙做家事。						
4 我會和別人分享心情。						

◎老師想對你說的話：

玖、延伸閱讀：

書名	類別	作者	繪者	出版社	內容介紹
利兒找到路了	繪本	菲莉斯·路特	克利斯多佛·丹尼斯	和英	利兒玩著玩著走遠了，找不到回家的路。想呀，找呀，最後他發出吼聲，也聽到爸媽的叫聲。終於找到回家的路。
我的妹妹聽不見	繪本	J.W. 彼得森	J.W. 彼得森	遠流	我有位特別的妹妹，像一般的小女孩一樣喜歡跑跳、翻滾、攀爬。雖然妹妹聽不到曲調，也不會唱歌，但是她會彈鋼琴；雖然妹妹從來不知道電話在響、有人敲門，但是貓咪坐在她懷裡喵喵叫時，她會知道。妹妹雖無法用言語表達，卻是我所知道最會用臉或肩膀示意的人。
我的姊姊不一樣	繪本	貝蒂·瑞特	貝蒂·瑞特	遠流	姊姊年紀比我大，身高比我高，我卻每天必須陪在她身邊，要帶她出去玩，還要愛護姊姊。帶姊姊出門總是狀況百出，玩伴的嘲笑、路人的側目，讓我只想趕快擺脫她。有一天，她真的走失了，我一點也不高興，還難過得哭了起來。
想念外公	繪本	夏洛特·佐羅托	夏洛特·佐羅托	遠流	外公去世了，那年小孫子才兩歲。一天夜裡，他突然想起深深懷念的外公，這時他已經六歲了。他有多少記憶呢？媽媽坐下來，聽聽孩子對外公的回憶，她由驚訝、驚喜，轉而和孩子一樣想念外公。他們想念外公的鬍子、眼睛，更想念外公的味道……。
奶奶最棒！爺爺最棒！	繪本	蘿拉·紐玫若芙	琳恩·孟辛兒	小魯	奶奶會做好多事，像是陪你一起畫圖、帶你去野餐、為你洗澡。可是，奶奶做哪一件事最棒呢？爺爺會做好多事，像是陪你玩捉迷藏、幫你用沙子蓋城堡、為你唱催眠曲。但是，爺爺做哪一件事最棒呢？
媽媽心，媽媽樹	繪本	方素珍	仉桂芳	國語日報	小蘋果不想上學，媽媽用手帕做了一顆心，讓她帶到學校，掛在窗外的樹上。同學們也學小蘋果，帶顆「心」來學校。但是沒有媽媽的阿志，常常搶小朋友的「媽媽心」，最後老師想出一個好辦法，讓阿志也能有顆「媽媽心」掛在樹上。

【中階】

我的家

我的祖先是恐龍

魏慶雲

> 在慎終追遠的心情下，人們將學會珍惜生命；在了解祖先篳路藍縷的辛苦中，人們將懂得惜福，因此隨著年齡的增長，進入中年級的學生，除了認識及知道家族裡現有的成員之外，也應該對先祖的努力與遷徙有所認知。在這個教學活動中，要帶領學生展開調查及回顧，與學生一起做一次時光之旅。

壹、在這個活動中，學生將要：

一、聽關於「唐山過台灣」的俗諺。

二、聽原住民的傳說故事。

三、調查自己家族的遷徙史。

四、調查自己姓氏的由來。

五、找出歷史上與自己同姓的名人，並說明其事蹟。

六、比較台灣的過去與現在。

貳、教學活動：

一、教學預備

㈠請學生先蒐集老照片，可以是家族的照片，也可以從書籍、雜誌或網路上尋得，並製作成海報。

㈡請學生查查歷史上有哪些偉人與自己同姓，並了解其事蹟。

二、活動步驟

㈠說明目前的台灣人，大多數是在三百年前，陸續由大陸（即俗稱的「唐山」）渡過台灣海峽（黑水溝），來到台灣。

㈡介紹三百年前唐山過台灣以及初開發台灣時的俗諺，並說明其原因。

1. 時到時擔當，無米才煮番薯湯。

原因：三百年前大陸沿海地帶因為戰亂、饑荒，許多人都始終處於飢餓狀態下，但樂觀的人們卻以略帶玩笑的心情面對。

2. 先顧腹肚，才來顧佛祖。

原因：在天災頻仍、生活不易的情況下，人們要想吃飽都很困難，實在無法顧及宗教儀式及敬佛了。

3. 番薯不驚落土爛，只求枝葉代代湠。

原因：儘管現在日子很難過，但是如果到新的環境去發展，將來依舊會有機會讓家族的枝葉繁茂，讓子孫繁衍壯大。

4. 唐山過台灣，心肝結歸丸。

原因：當時製船技術不夠精良，加上台灣海峽水勢險惡，許多渡海來台的人，都葬身海底有去無回。所以只要想到要從唐山渡海到台灣，整顆心就都揪在一起了。

5. 有拜有保庇，有燒香，有行氣。

原因：渡海來台的原鄉人，大多來自祭祀媽祖的沿海地區，在這些純樸的人們心中，只要一度過災難，便感謝媽祖的庇佑，認為是平日虔誠祭祀所得的結果。

6. 渡台悲歌：「勸君切莫過台灣，台灣恰似鬼門關，千個人去無人轉，知生知死誰都難？」

原因：明朝末年，福建、廣東沿海居民生活不易，只好到海外謀生。台灣自荷蘭、明鄭、滿清以來，就是唐山客移民最好的所在。但是不知有多少人都因此而葬身海底，所以原鄉人稱呼台灣叫作「埋冤」，對台灣的心情是又期待又怕受傷害。

㈢說明比先住民還早到台灣的，是屬於南島語系的原住民，並介紹有關邵族的傳說故事。

「日月潭逐鹿」　　　　　　　　　　改寫：魏慶雲

　　邵族人原先居住在阿里山附近，也有人說邵族人原來是住在台南府城附近。

　　然而在很久很久以前，邵族有一群獵人在山中打獵，見到一隻高大肥壯的大白鹿。眾人見到這隻大白鹿非常高興，於是趕著獵狗，一路翻山越嶺的追逐大白鹿。邵族祖先在深山裡追逐大白鹿，一追就追了好幾天，而且越追越深入山裡面。因此，獵人們沿路在樹林裡用獵刀削下一片片樹皮作為路標記號。最後在大家筋疲力盡時，竟然看到眼前出現一片美麗的湖光水色，也就是現在的日月潭。

　　那頭白鹿被邵族祖先追得走投無路，只好衝入湖泊之中。但大白鹿一路奔逃的熱蹄被冰冷的湖水一泡，便僵硬難動了。邵族祖先因此捉住大白鹿，便在湖邊宰殺清洗白鹿。白鹿紅色的鮮血和內臟，引來多得數也數不清的魚群爭食。獵人群中有年齡較長的長老，將魚兒撈起洗淨試吃。發現吃了這些魚兒之後，不但沒有中毒，而且牠們的味道真是美味可口極了，這時候才允許青壯年的族人食用。

　　大家發現這個地方真是高興極了。因為湖泊區不但景色優美怡人，而且湖中有那麼多取之不盡的美味魚類，這真是上天賜給族人安居的好處所。於是趕緊循著之前所做的樹皮記號回到原來居住之處，將族人帶來。從此邵族就在日月潭定居下來，日月潭也就變成了他們的故鄉。

㈣引導學生認知過去與現在的差別：請學生展示所蒐集的老照片，為求其效能，不妨將學生分為三、四人一組，共同研討，並分配製作海報的工作。再與現在的景物相對照。

㈤利用角色扮演的方式，讓學生分組討論、編寫劇本及表演：唐山過台灣、先民的爭戰、開墾台灣、抵抗外族入侵等情境。表演主題可由老師先排定，再由學生抽籤決定，演出順序則由劇情時間順序定之。為

避免拖延時間，最好訂出每個節目的表演時間。

㈥每個人都有來處，我們的來處在哪裡？請學生以學習單回家展開調查，向長輩詢問家族過去的遷徙過程。

㈦在過去這麼長久的時間裡，歷史上出現了許多偉人，有哪些人是與我們同姓的呢？查查看。除了知道這些人的姓名之外，也要介紹他們所做的事。看看這些古人做了哪些令人懷念的事，請學生一一介紹，與大家分享。

㈧在最早的時代裡，人們是沒有姓氏的。我這個姓是如何演變來的呢？找找看我最早的祖先可能是姓什麼呢？

三、延伸活動

早期生活方式單純——日出而作、日落而息，春耕、夏耘、秋收、冬藏，先民會將這些生活經驗、心情變化甚至是四季流轉，以歌聲表達出來。請學生蒐集早期的歌謠，在課堂上互相分享、教唱。最後再讓學生仿作一首歌謠。

參、學生將學會：

學習目標	對應之九年一貫課程能力指標	
一、我的先祖是從何時踏上台灣這塊土地的？	社會 1-2-3	覺察人們對地方與環境的認識與感受具有差異性，並能表達對家鄉的關懷。
	社會 2-2-1	了解居住城鎮（縣市鄉鎮）的人文環境與經濟活動的歷史變遷。
	社會 2-2-2	認識居住城鎮（縣市鄉鎮）的古蹟或考古發掘，並欣賞地方民俗之美
二、我這個姓氏是如何演變而來？	社會 1-2-6	覺察聚落的形成在於符應人類聚居生活的需求。
	語文 F-2-4	能應用各種表達方式練習寫作。
	語文 F-2-8	能把握修辭的特性，並加以練習及運用。
	語文 E-2-9	能結合電腦科技，提高語文與資訊互動學習和應用能力。
三、過去的台灣人民是如何生活的？	社會 1-2-1	描述地方或區域的自然與人文特性
	語文 C-2-2	能合適的表現語言。
四、關於先民開墾的辛苦與奮鬥。	社會 1-2-5	調查家鄉人口的分布、組成和變遷狀況。
	社會 3-2-1	關懷家庭內外環境的變化與調適。
	語文 C-2-1	能充分表達意見。

肆、小筆記：

伍、學習單：

（一）跟我同姓的偉人

在歷史上，跟我同姓的人有：

姓名：
做了些：

姓名：
做了些：

我覺得他可能長得像：

我想對他說：

（二）我們家的遷徙記錄

🐾 我的祖先中最早到台灣定居的年代是：＿＿＿＿＿＿＿＿＿＿＿＿＿＿

　　這個祖先的名字叫作：＿＿＿＿＿＿＿＿＿＿＿

🐾 剛到台灣時，我的祖先住在：＿＿＿＿＿＿＿＿＿＿＿＿＿＿＿＿＿

🐾 在台灣，我的祖先們住過：＿＿＿＿＿＿＿＿＿＿＿＿＿＿＿＿＿＿

🐾 我的祖先曾經做過：＿＿＿＿＿＿＿＿＿＿＿＿＿＿＿＿＿＿＿＿＿

🐾 我聽說五十年前的台灣是：＿＿＿＿＿＿＿＿＿＿＿＿＿＿＿＿＿＿

　＿＿＿＿＿＿＿＿＿＿＿＿＿＿＿＿＿＿＿＿＿＿＿＿＿＿＿＿＿＿＿

🐾 現在的台灣是：＿＿＿＿＿＿＿＿＿＿＿＿＿＿＿＿＿＿＿＿＿＿＿

　＿＿＿＿＿＿＿＿＿＿＿＿＿＿＿＿＿＿＿＿＿＿＿＿＿＿＿＿＿＿＿

🐾 用一百個字描述現在人的生活和過去的不同之處：

（三）台灣景色的過去和現在

在日據時代，老百姓曾經票選出「台灣八景」，包括：

㈠基隆旭日　　㈡淡水　　㈢八仙山　　㈣日月潭

㈤阿里山　　㈥壽山　　㈦鵝鑾鼻　　㈧太魯閣峽谷

我也蒐集到台灣的老照片，包括：

在台灣，我覺得最美麗的地方是：

因為：

（四）我這個姓的由來

我這個姓的歷史是：＿＿＿＿＿＿＿＿＿

＿＿＿＿＿＿＿＿＿＿＿＿＿＿＿＿＿＿

＿＿＿＿＿＿＿＿＿＿＿＿＿＿＿＿＿＿

＿＿＿＿＿＿＿＿＿＿＿＿＿＿＿＿＿＿

＿＿＿＿＿＿＿＿＿＿＿＿＿＿＿＿＿＿

在清明節時，我們要：＿＿＿＿＿＿＿＿

＿＿＿＿＿＿＿＿＿＿＿＿＿＿＿＿＿＿

清明節讓我覺得：＿＿＿＿＿＿＿＿＿＿

＿＿＿＿＿＿＿＿＿＿＿＿＿＿＿＿＿＿

＿＿＿＿＿＿＿＿＿＿＿＿＿＿＿＿＿＿

（五）台灣歌謠

有一首「農村曲」，是這樣唱的：

透早就出門，天色漸漸光，

受苦無人問，行到田中央。

行到田中央，為著顧三頓，顧三頓，

不驚田水冷酸酸。

這首歌很傳神的敘述了農人的辛苦與無奈。

現在的台灣有著高樓大廈，也有淳樸鄉間，有著科技環境，也有美好風光。如果要用一首歌來歌詠現在的台灣，你會用哪首歌呢？是「Superstar」還是「天高地厚」？

乾脆自己寫一首吧！

歌名：

歌詞：

陸、評量標準：

評量標準		
編號	工作	評量細目
1	製作海報	⑴能利用蒐集來的老照片製作海報，介紹台灣的過去。 ⑵能與同組同伴以最經濟的時間，共同合作完成海報。
2	台灣俗諺誦讀	⑴能以流利的鄉土語言，誦讀俗諺。 ⑵能說明每個俗諺的背景及所表達的意思。
3	編製劇本並與同伴共同演出	⑴能使用適當的言詞表達台灣的歷史。 ⑵能蒐集台灣歷史，並放進戲劇中。 ⑶能與人合作，適切的表達自己的角色。
4	蒐集並整理資料	能在尋找家族遷徙史及姓氏由來時，利用各種來源，例如：百科全書、史料、電視節目、網路資源等，以獲得充分資訊。

柒、相關網站：

網站及網址	網站介紹
eWorld 好站 e 窩 http://eworld.usernet.com.tw/nice/family/f205/f301/report5063.html	其中含有許多關於姓氏由來、族譜等的項目，但有些內容僅限會員參閱。
台灣歌謠臉譜 http://www.taiwan123.com.tw/musicface/m_main.htm	介紹近百年來的台灣歌謠創作者，以及演唱者的生平、經歷。
台灣歌謠欣賞 http://lukutea.org.tw/twnmusic/twnmusic.htm	提供許多台灣歌謠交響詩的演唱、演奏及鋼琴演奏的線上播放。
台灣歷史與台諺語（總篇） http://k.wsp.ks.edu.tw/~twn/adage.htm	介紹關於台灣歷史的諺語。
鄉土文化教學與鄉土文化研究 http://ici.ntntc.edu.tw/	台南師範學院鄉研所與花蓮師範學院鄉研所設立的網頁，提供與鄉土教學有關的資訊，包括民俗活動與原住民的相關內容。

捌、我的表現（評量表）：

我的表現如何？					
	學生自評			老師回饋	
	我真是有夠讚	我的表現還不錯	我還需要再加油	你真是有夠讚	你的表現還不錯	再加油一點會更棒

我能夠

1 我和同組的同學一起製作台灣老照片的海報。

2 我利用各種方式蒐集有關台灣的老照片。

3 我能在和同學共同製作海報時提供自己的意見。

4 我在老師介紹台灣俗諺時專心聆聽。

5 我和同學合作編寫劇本。

6 我能蒐集資料找尋家族的遷徙史及姓氏由來。

我做到了

1 我製作出一張很棒的海報。

2 我可以向別人介紹俗諺中蘊含的意義。

3 我用適當的文字表達台灣的歷史。

4 我站在大家面前演出台灣的歷史故事。

我學會了

1 我學會以流利的鄉土語言說台灣俗諺。

2 我知道台灣過去的生活方式。

3 我學會利用圖書館的資料找尋過去的痕跡。

4 我和同學分工合作，一起完成一件工作。

◎老師想對你說的話：

玖、延伸閱讀：

書名	類別	作者	繪者	出版社	內容介紹
大地笙歌	文學故事	楊美玲		國語日報	一架相機、一枝筆，作者以圖文並陳的方式介紹大自然的美。
說給兒童的台灣歷史	10書20CD	天衛編輯部		天衛	劇中的兩位主角：沙沙、仔仔對台灣的歷史充滿好奇，於是魔鏡公公帶著他倆，也帶著所有的聽者進入了歷史的軌跡，了解台灣這數百年來的變遷。
走！到南島	雜誌	經典雜誌編輯群		經典傳訊	從十八世紀起，南島國家被發現後，即開始接受西方的文化、語言及生活習慣，漸漸忘記了原有的傳統，這本書帶著我們一步步的回顧過去。
發現南島	雜誌	經典雜誌編著		經典雜誌	「南島」就是指分布在太平洋及印度洋上成千上萬的使用南島語系的島嶼，其中最北界的就是台灣的數十萬原住民。此書追蹤探尋南島語系的語言分布、遷徙、生活、飲食、居家、農獵……等的過去與現在。
春神跳舞的森林	繪本	嚴淑女	張又然	格林	鄒族少年阿地，在奶奶去世後重回故鄉阿里山，卻發現原該開滿櫻花的故鄉，特別的冷，山野間一片光禿禿的，什麼都沒有。阿地在奶奶遺留下來的櫻花瓣的引領下，逐漸成為一個真正的鄒族少年，也帶著春天重回他的故鄉——阿里山。
小太陽	散文集	子敏		國語日報	台灣文壇大師林良先生，寫他一路走來，從娶妻、生女到見到孩子一個個長大。期間的親子互動、家人的關愛，令人讀來正如暖陽照心田。
在龍背上	傳記	王志宏	王志宏	經典雜誌	作者深入青康藏高原十年，辛苦的旅行，並推動醫療計畫。如今將文化人無私付出的心情記錄下來，讓讀者發現到：青康藏高原並不遠，就在我們身邊。

【進階】　　　　　　　　　　　　　　　　　　　　　　　我的家

我家的這本經

魏慶雲

有道是：「家家有本難唸的經。」也有人說：「天下無不是的父母。」然而，在今日這個充滿多樣性的社會裡，家長的權威屢受挑戰，而家家的經也都越來越難唸。然而難唸的經並不表示家裡出現了難以解決的問題，這往往只是表現出每位家庭成員都有個人的意見希望表達。

適當的表達、有效的溝通、家庭成員間彼此的了解與互信互諒，會是一個家庭氣氛和諧與否的重要指標。在這個單元裡，我們一起來與學生尋找家人間的關懷與愛吧！

壹、在這個活動中，學生將要：

一、介紹家人的興趣與嗜好。

二、發表家人的行為特色。

三、扮演一個幸福家庭的模式。

四、分析及討論凝聚一個家庭的要素。

五、提出自己可以努力的方向。

貳、教學活動：

一、活動步驟

㈠老師可以先與同學分享個人的特殊喜好或生活習慣，再請學生製作家人介紹一覽表〔學習單（一）〕，內含家人的興趣、嗜好、口頭禪、生活習慣、最愛的書籍、電視節目……等（詳細內容可自行斟酌）。

㈡請學生上台說說發生在一位家人身上的有趣故事——說故事時應包含：人、地、事、物、時——與大家分享。學生說故事時，請指導其使用適當的詞句。

㈢學生自由分組做角色扮演，演出「一個幸福的家庭」。鼓勵學生多誇張家人彼此相處時的小地方，以及表達關懷的方式，以強調親人間互動與溝通的重要性。

㈣分組討論：幸福家庭的要素、有效的溝通方式、親子之間可以表達的關心、家人彼此之間應該提供的支援，並派出代表報告討論結果。

㈤請學生檢討自己在家裡還有什麼可以加強的地方，並以文章表達。

二、延伸活動

㈠辯論比賽（以下內容為教師指導辯論時可以提供的訊息，僅供參考。）

　1. 題目：天下無不是的父母。

　2. 正方立論點：父母都是為子女好，子女應該體諒父母的用心良苦。

　3. 反方立論點：父母也有錯的時候，子女未必需要完全接受。

　4. 指導學生事先蒐集當親子間有衝突發生時，可以使用的溝通方式，及親子衝突或溝通的實例，以作為辯論時的依據和內容。

　5. 每組三人，各組均可聘請智囊。

㈡烏龍大集合

　1. 發給每位同學五張紙。

　2. 在紙上分別寫下什麼人、什麼事、什麼時間、什麼地方、用什麼東西。

　3. 準備五個盒子，分別裝入五種紙條。

　4. 請同學輪流上台，分別自五個盒子中各抽一張，再依其中所寫的內容說出一段故事。

　5. 舉例：

　　人：校長。事：拔河。時：中秋節。地：阿里山。物：掃把。

　　故事：校長在中秋節時，看到天上圓圓的月亮又大又亮，突然詩興大發，就帶著掃把到阿里山，邊掃地邊吟詩。然後，他又找

　　來山上的大猩猩和他一起練習拔河。

㈢DNA的奧祕

1. 人的一生會受到教育、環境及遺傳的影響，其中遺傳是來自父母親，因此兄弟姊妹、親子之間都有相似的 DNA，外形上也就多多少少會有相似之處。

2. DNA 存在於人體細胞核內，含有二十三對染色體，染色體上的遺傳密碼就決定了一個人的長相。世界上除了同卵雙胞胎外，沒有人的 DNA 會完全一模一樣，所以 DNA 的鑑定常被用在刑案現場的採證分析上。

3. 實例：

- -

DNA 讓親情獲得彌補　　　　　　文：魏慶雲

　　有位在演藝圈工作多年的演員，他的演藝生涯漸入佳境，在社會上也具有一定的知名度。這樣的生活對他來說可以算是名利雙收了，在其他人眼裡，他是個令人羨慕的對象。但他的心中卻一直有著一個遺憾，這個遺憾總是在他獨處時啃噬著他，使的心沉浸在疑惑與不解之中。因為他是個從小遭到父母遺棄的棄嬰。雖然養父母待他一直很好，但他仍想找到自己的親生母親，好問問她：為什麼不要他？

　　當他還年輕時，他不太敢面對這個事實，因為他怕事實會非常殘酷，殘酷到令人難以承受。可是隨著年齡一年年增長，想要了解自己真正出身的渴望也就越來越深切；加上知道當年狀況的人也漸漸凋零，如果再不展開行動，可能就永遠也無法知道自己的身世。所以他回到小時候生長的地方，向當年的鄰居探詢，希望還有印象的老人家能夠幫助他完成心願。這些鄉親也希望他能在有生之年找到親生母親，所以把印象中記得的經過都告訴了他。

　　得到鄉親幫忙的大明星，便根據鄉親所提供的資訊，展開了尋親之旅。他花了許多時間，找過許多地方，但是他卻一次一次的失望了。因為時間過得太久，他的親生母親早已多次搬家，不在原處

生活了。他本想放棄尋找，卻又不甘心。最後，他委託一個綜藝節目的尋人單元，為他尋找親生母親。

　　這個節目接受了他的委託後，便根據他提供的線索，一一尋訪，可是也一一碰壁。只好在節目中提出要求，請知情的觀眾協助，提供訊息。節目播出後，真的有許多人打電話到製作單位，提供許多訊息。這些熱情的協助，有些正確，有些不正確。製作單位經過一一過濾後，再經過實際查訪，發現其中一位女士應該是這位大明星的母親沒錯了。於是，製作單位請大明星的養母代為確認，養母見了這位女士，發現雖然事隔四十多年，但這位女士的容貌，依稀仍是當年的樣子。製作單位好高興，趕緊通知大明星：找到你的母親了！

　　這時，大明星的心情卻複雜了起來，他好希望這次真的找到了親生母親，但又怕再一次失望。他不知道自己的心，是否能夠再次承受這種失望。所以他提出一個要求——檢驗 DNA。

　　經過多日的等待，DNA 檢驗結果出爐了——他們兩個人的 DNA 相似度達到百分之九十以上。DNA 的檢驗結果證實，他們二人果真有親子關係。大明星終於找到母親了。不論當年是一個怎樣的狀況，至少今生他們有機會再溝通、再互相照顧，彌補過去曾經失去的親子之情。

4.請學生搜尋關於 DNA 的資料，或尋找利用 DNA 解決的事件（例如：親子相認的實例），表演一齣「DNA 的相遇」。

參、學生將學會：

學習目標	對應之九年一貫課程能力指標	
一、運用適當的文字介紹家人的興趣與嗜好。	社會 3-3-1	依自己的觀點，對一組事物建立起分類和階層關係。
	社會 3-3-2	了解家庭、社會與人類世界三個階層之間，有相似處也有不同處。
二、以中肯的言詞介紹家人的行為特色。	語文 B-1-1	能培養良好的聆聽態度。
	語文 C-2-2-8-6	能具體詳細的講述一件事情。
	社會 3-3-3	明瞭不能用過大的尺度去觀察和理解小範圍的問題，反之亦然。
三、與同伴討論及演出一個幸福的家庭。	語文 C-2-3	能表現良好的言談。
	語文 C-2-1	能充分表達意見。
四、與同組同學討論凝聚一個家庭的要素。	社會 3-3-4	分辨某一組事物之間的關係是屬於「因果」或「互動」。
	社會 5-3-5	舉例說明在民主社會中，與人相處所需的理性溝通、相互尊重與適當妥協等基本民主素養之重要性。
五、自我反省與檢討，並提出自己可以努力的方向。	社會 4-3-4	反省自己所珍視的各種德行與道德信念。
	社會 5-3-3	了解各種角色的特徵、變遷及角色間的互動關係。
	社會 5-3-4	舉例說明影響自己角色扮演的因素。
六、以「我家的這本經」為題，寫出五百字的短文。	語文 F-2-1	能培養觀察與思考的寫作習慣
	語文 F-2-2	能正確流暢的遣辭造句、安排段落、組織成篇。
	語文 F-2-4	能應用各種表達方式練習寫作

肆、小筆記：

伍、學習單：

（一）我家的人

稱　謂：

最愛做的事

最愛吃的食物

最常說的話

最想要的東西

最大的煩惱

最……

稱　謂：

最愛做的事

最愛吃的食物

最常說的話

最想要的東西

最大的煩惱

最……

稱　謂：

最愛做的事

最愛吃的食物

最常說的話

最想要的東西

最大的煩惱

最……

稱　謂：

最愛做的事

最愛吃的食物

最常說的話

最想要的東西

最大的煩惱

最……

（二）我家的趣事

　　生活之所以吸引人，因為它充滿趣事；生命之所以令人期待，因為它充滿變化。用心過生活的人會在日常生活中找到有趣之處，享受它的變化，讓成長優游在驚奇與歡笑之中。

　　現在……想想家中發生過怎樣的趣事？把這件事記錄下來和大家分享吧！（想想看：以下的內容如果串連起來，是不是就可以變成一篇很棒的文章了。）

🍄發生的時間：

🍄主角：

🍄事情的經過：

🍄事後家人都覺得：

（三）幸福的家庭

我的家庭真可愛，整潔美滿又安康，

姊妹兄弟很和氣，父母都慈祥。

雖然沒有好花園，春蘭秋桂常飄香；

雖然沒有大廳堂，冬天溫暖夏天涼。

在這首歌中，描繪了一個幸福溫暖的家庭。你認為它所描寫的內容對嗎？夠完整嗎？你可以再補充一些嗎？

我覺得幸福的家庭裡，一定有：

因為：

我覺得幸福的家庭裡，一定沒有：

因為：

我也可以寫一首歌來唱出一個幸福的家：

（四）家人的特徵調查表

　　家裡的人在外型上、個性上，都多多少少會有些相似。這些相似處，有些是因為遺傳、有些是因為教育、有些是因為環境所造成。

　　觀察一下你的家人，有哪些地方是相似的呢？而這些相似是因為什麼原因所造成？

關係	外表最像的地方	個性最像的地方	原因			和我的相處關係
			遺傳	教育	環境	

◎我覺得我家的遺傳基因中，最強的是：＿＿＿＿＿＿＿＿＿＿＿＿＿＿＿＿＿

◎如果用五十個字來形容我的家，我會說：

陸、評量標準：

評量標準		
編號	工作	評量細目
1	觀察與記錄	對家人的觀察記錄寫得是否仔細而充實、內容是否公平客觀、措詞是否適當。
2	分享與報告	能否以積極的態度參與同組同學的討論，並以清晰、適當的言詞介紹家人的特色。
3	表演活動的參與	能夠主動積極的參加編劇，也能夠活潑生動的演出劇本內容。
4	檢討與反省	能夠說出自己可以改進的行為、為何這種行為需要改進，並說明改進方式。
5	作文	主題的掌握、文法的運用、詞句的流暢度、事例的舉證、用字的正確性。

柒、相關網站：

網站及網址	網站介紹
台灣辯論學會 http://www.debate.org.tw/default.htm	介紹辯論的相關網站，提供許多辯論題目，並有辯論技巧與方法的指導。
西西的寫作技巧 http://www.geocities.com/dlsysc/skill.htm	介紹關於寫作的技巧，是香港的繁體網站。
作文技巧指導 http://learner.ypps.tp.edu.tw/classweb/87103 /material/chinese/02.htm	提供各種作文技巧的說明與指導、童書介紹、成語故事……還有許多連結的好站，可供教學參考之用。
國語日報 http://www.mdnkids.org.tw	為國語日報社的網站，除了有國語日報、國語週刊、小作家等內容外，也提供新書資訊。
刑事鑑識中心 DNA 實驗室 http://www.kmph.gov.tw/add-1/work-2.htm	介紹刑事鑑識中心的 DNA 實驗室，也有關於鑑識方法的簡單介紹，以及使用器械的圖片。
基因生技介紹 http://www.bmnews.net/big5/biotech/gene.html	介紹及解說基因的定義與演化。

捌、我的表現（評量表）：

我的表現如何？					
	學生自評			老師回饋	
	我真是有夠讚	我的表現還不錯	我還需要再加油	你真是有夠讚	你的表現還不錯	再加油一點會更棒

我能夠
1 我站在台上大聲報告不會害怕。
2 我能用適當的文字和語言介紹我的家人。
3 我會和同學一起討論及編寫劇本。
4 我能安靜的觀賞其他組別的表演。
5 我能大方的演出戲劇。
6 我能反省和檢討自己的優缺點。

我做到了
1 我完成了一份調查報告。
2 我關心我的家人。
3 我改正了自己不對的行為。
4 我會欣賞家人的優點。

我學會了
1 我會用電腦及網路搜尋資料。
2 我找到和家人正確的溝通方式。
3 我學會為家人提供服務的方法。
4 我寫出了一篇介紹家人的文章。

◎老師想對你說的話：

玖、延伸閱讀：

書名	類別	作者	繪者	出版社	內容介紹
享受自己的感覺	勵志	謝繕任		國語日報	國中生謝繕任將自己日常生活中的各種心得感想，用流利的詞句化為令人感動的文章，在國語日報開闢專欄發表後再集結成冊。
她是我姊姊	親子	丘修三		國語日報	描述殘障女孩阿妹美與家人的互動，弟弟正一對姊姊由捉弄到憐惜，以及父母親對女兒的不捨。
幸福人生自己找	親子	李銘愛		國語日報	人生的快樂不見得全部來自「成就」和「財富」，而是來自個人對人生及生活的觀感。如果我們能學會用樂觀的心去觀看世界萬物，那麼我們隨時隨地都會有好心情。
生活大不同	親子	王偉華		國語日報	教導高年級的小朋友有關生活中的小細節，使之成為小紳士、小淑女。
我們的黃鼠狼爸爸	親子	武井博	智子	和融	這是個充滿各種動物的家庭，其中的黃鼠狼爸爸在孩子們一個個離開家後雖然寂寞，卻為了訓練孩子的獨立，而忍痛把陪在身邊的小兒子「胖企鵝」趕出家門。
100 個希望	勵志	謝立根	萬歲少女	遠流	這是中英對照的英詩創作，記敘作者在 4 歲到 6 歲之間，住在美國兒童癌症病房時的種種經歷。本書獲得 2004 年「全球生命文學獎章」。

關懷與感恩

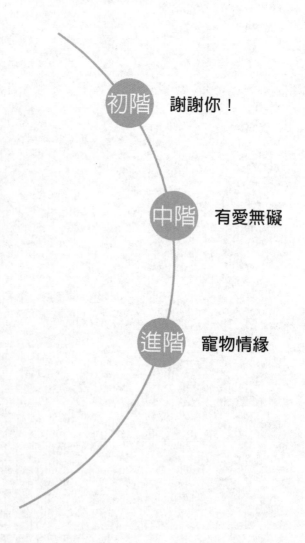

初階　謝謝你！

中階　有愛無礙

進階　寵物情緣

【初階】　　　　　　　　　　　　　　　　　　關懷與感恩

謝謝你！

黃雍菁

在日常生活中，我們總是常受到許多人的幫助，尤其是自己身邊的朋友或親人，對於他們的關懷與協助，有時你可能因為習以為常而忘了說聲：「謝謝你！」本單元希望藉由活動的方式，讓小朋友體會受人照顧與照顧他人的感覺，並激發孩子表達出心中的感謝。

壹、在這個活動中，學生將要：

一、透過「小天使與小主人」的活動，來體驗受人照顧與照顧他人的感覺。

二、願意與師長及同學分享進行活動時，受人照顧與照顧他人的感受，並說出生活中自己曾接受過誰的幫助。

三、完成「我要謝謝你」學習單，寫出對他人感謝的話語。

四、製作一張感謝卡，並親手交給自己最想感謝的人。

貳、教學活動：

一、教學預備

請學生觀察生活中有哪些人在幫忙他／她。

二、活動步驟

㈠進行「小天使與小主人」的活動，並說明遊戲規則：

1.活動進行時間五天。

2.小天使要負責偷偷地照顧小主人，不可以讓小主人發現。

3. 小天使每天都必須照顧自己的小主人,照顧的方式有:送小主人小禮物;每天寫小卡片問候小主人;看到小主人不開心時,請人傳話要他/她不要傷心⋯⋯等。

4. 小主人要觀察是誰在偷偷照顧自己,並於活動的最後猜出照顧他/她的小天使是誰。

5. 每一位學生都是另一位學生的小主人,同時也是別人的小天使。

㈡請學生發表受人照顧與照顧他人的感覺。

㈢請學生說出在生活中,自己曾接受過誰的幫助與關懷,以及最想感謝的人是誰。

㈣在學生決定出自己最想感謝的人之後,發下「我要謝謝你」學習單,老師再藉由討論的方式,讓學生將自己的感謝轉化成文字。老師可利用問題的方式讓學生寫出他的感謝話語,例如:

1. 你最想感謝的人是⋯⋯

2. 我要感謝他是因為⋯⋯

3. 如果沒有他的幫忙我會⋯⋯

　範例:

　　　　我最感謝的人是我的媽媽,

　　　　我要感謝她是因為媽媽生下我;

　　　　如果沒有她,我就不會來到這個世界。

　　　　我要感謝她是因為我生病了,她會照顧我;

　　　　如果沒有她,我一定會病得更嚴重。

　　　　我要感謝她是因為她會陪我玩;

　　　　如果沒有她,我一定會很寂寞。

　　　　總之,我最想對她說一聲:「媽媽,謝謝您的照顧。」

㈤請兒童製作感謝卡,並將事先寫好的感謝話語再寫在卡片上,最後再親自送給他最想感謝的人。

三、延伸活動

㈠表現心中的感激,除了可透過文字和語言來傳達之外,我們也可透過歌聲來表示我們心中的感謝。老師可藉由讓學生欣賞與學習歌曲(曲

名：「謝謝你們」，詞：陳建名；曲：王建勛；唱：天龍二部）來表達心中的感謝。

㈡教師可藉由歌詞中的意義，來與學生討論生活中除了我們的朋友、同學和家人之外，還有誰是為我們在默默奉獻的人呢？

㈢教師發下學習單（二）「謝謝你們」，並以邊討論邊撰寫的方式讓學生完成學習單。

參、學生將學會：

學習目標	對應之九年一貫課程能力指標	
一、能細心照顧自己的小主人，並察覺出誰是自己的小天使。	綜合 3-1-1	舉例說明自己參與的團體，並分享在團體中與他人相處的經驗。
二、能說出生活中自己曾受過誰的關懷與協助。	語文 C-1-4	能把握說話重點。
三、能將自己感謝的話語以文字的方式記錄下來。	語文 F-1-1	能經由觀摩、分享與欣賞，培養良好的寫作態度與興趣。
四、能自己親手完成一張感謝卡。	生活 9-1-10	喜歡將自己的構想，動手作出來，以成品來表現。
	生活 9-1-11	培養將自己構想實作出來，以成品表現的習慣。
五、能說出生活中有誰為我們默默奉獻。	語文 C-1-4	能把握說話重點。

肆、小筆記：

伍、學習單：

（一）我要謝謝你

　　親愛的小朋友，你最想要感謝的人是誰呢？是你的家人，還是你的朋友？不管他是誰，你一定都有最想對他說的話，那可不可以請你將你最想說出的感謝的話寫下來呢？

　　有一個小朋友，她的名字是小青，她最感謝的人是她的媽媽，因此，她寫下了她最想對她媽媽說的話。

我最感謝的人是我的媽媽，
我要感謝她是因為媽媽生下我；
如果沒有她，我就不會來到這個世界。
我要感謝她是因為我生病了，她會照顧我；
如果沒有她，我一定會病得更嚴重。
我要感謝她是因為她會陪我玩；
如果沒有她，我一定會很寂寞。
總之，我最想對她說一聲：「媽媽，謝謝您的照顧。」

　　聰明的小朋友，請你看完小青想對她媽媽說的感謝之後，也利用相同的方式寫出你自己想說的感謝的話。

我最感謝的人是＿＿＿＿＿＿＿＿＿＿＿＿＿＿＿＿，
我要感謝她是因為＿＿＿＿＿＿＿＿＿＿＿＿＿；
如果沒有她，＿＿＿＿＿＿＿＿＿＿＿＿＿＿＿。
我要感謝她是因為＿＿＿＿＿＿＿＿＿＿＿＿＿；
如果沒有她，＿＿＿＿＿＿＿＿＿＿＿＿＿＿＿。
我要感謝她是因為＿＿＿＿＿＿＿＿＿＿＿＿＿；
如果沒有她，＿＿＿＿＿＿＿＿＿＿＿＿＿＿＿。
總之，我最想對她說一聲：「＿＿＿＿＿＿＿＿。」

（二）謝謝你們

親愛的小朋友，你知道在我們的生活中除了朋友、同學和家人會幫助我們之外，還有誰在為我們默默奉獻嗎？

為我們默默奉獻的人　　　　**他為我們做了……**

農　夫

他為我們種稻米和蔬菜，讓我們不會餓肚子。

警　察

他為我們

親愛的小朋友，請你想一想，如果你要送一份禮物給為我們默默奉獻的人，你最想送的是什麼禮物？請你畫出來，並寫出你為什麼會想送這份禮物。

送給：＿＿＿＿＿＿＿＿＿＿＿＿

我要送的禮物是：

我想送這份禮物是因為：

＿＿＿＿＿＿＿＿＿＿＿＿＿＿＿＿

＿＿＿＿＿＿＿＿＿＿＿＿＿＿＿＿

＿＿＿＿＿＿＿＿＿＿＿＿＿＿＿＿

＿＿＿＿＿＿＿＿＿＿＿＿＿＿＿＿

陸、評量標準：

評量標準		
編號	工作	評量細目
1	照顧他人	進行「小天使與小主人」活動時，能確實的照顧自己的小主人。
2	表達與分享	(1)能分享自己受人照顧的感受。 (2)能說出自己最感謝的人。 (3)能說出生活中有誰為大家在默默奉獻。
3	觀摩與寫作	能將自己感謝的話語轉換成文字來表達。
4	製作感謝卡	能親手製作感謝卡。
5	想像畫	對於在生活中為大家默默奉獻的人，能親手畫出最想送給他的禮物。

柒、相關網站：

網站及網址	網站介紹
關懷感恩特刊 http://www.nehs.hc.edu.tw/~news/208/thanks.htm	本網頁介紹國立科學工業園區實驗高級中學所出版的感恩關懷特刊，其中集結了許多學生所寫有關於關懷與感恩的文章。
母親節 http://kids.yam.com/mamie/	主要介紹母親節的由來，此外提供媽媽與孩子之間可進行的一些親子活動。
父親節 http://feature.yam.com/father/	介紹父親節的由來，並提供孩子製作父親節電子卡片的資訊。

捌、我的表現（評量表）：

我的表現如何？	學生自評			老師回饋		
	我真是有夠讚	我的表現還不錯	我還需要再加油	你真是有夠讚	你的表現還不錯	再加油一點會更棒
我能夠						
1 我認真的參與「小天使與小主人」這項活動。						
2 我會與同學分享自己受人照顧與照顧他人的經驗。						
3 我可以在同學發言時專心聆聽。						
4 我會觀摩並且仿作老師介紹的感謝短文。						
5 我能說出生活中有誰為我們在默默奉獻。						
我做到了						
1 我能確實照顧自己的小主人。						
2 我可以觀察出誰是自己的小天使。						
3 我會寫出感謝他人的短文。						
4 我能親手製作一張感謝卡。						
5 我能畫出一份想送給生活中為我們奉獻者的禮物。						
我學會了						
1 我學會如何照顧他人。						
2 我知道如何把自己的感謝表達出來。						
3 我學會以文字的方式來表達自己的感謝。						

◎老師想對你說的話：

玖、延伸閱讀：

書名	類別	作者	繪者	出版社	內容介紹
大姊姊和小妹妹	繪本	夏洛特·佐羅托	夏洛特·佐羅托	遠流	從前有一個大姊姊和一個小妹妹，大姊姊時時刻刻照顧著小妹妹，什麼事都處理得很好。有一天，小妹妹聽煩了大姊姊的嘮叨，想要靜一靜，於是偷偷溜出家門，躲進草叢裡，大姊姊怎麼找都找不著，終於哭了起來……
媽媽最棒！爸爸最棒！	繪本	蘿拉·紐玫若芙	琳恩·孟辛兒	小魯	媽媽會做好多事，像是教你騎腳踏車，為你的小熊寶寶縫釦子，唸床前故事給你聽，她們最會做的事是什麼呢？爸爸最會做的事又是什麼呢？
奶奶最棒！爺爺最棒！	繪本	蘿拉·紐玫若芙	琳恩·孟辛兒	小魯	奶奶會做好多事，像是陪你一起畫圖、帶你去野餐、為你洗澡。可是，奶奶做哪一件事最棒呢？爺爺會做好多事，像是陪你玩捉迷藏、幫你用沙子蓋城堡、為你唱催眠曲。但是，爺爺做哪一件事最棒呢？
一碗湯麵	小說	栗良平		文經社	「一碗湯麵」是藉由母子三人的親情以及不放棄的精神，再加上麵店老闆的人情味，引發人們的深刻省思。
永遠愛你	繪本	Robert Munsch	梅田俊作	和英	不論男孩是年幼或是長大了，抑或是離開家獨立了，媽媽永遠都會唱著：我永遠愛你。直到媽媽生病了，依舊唱著。當她虛弱得無法唱下去了，這時男孩摟著媽媽唱著：我永遠愛您，您是我永遠的好媽媽。
威威找記憶	繪本	梅·法克斯	茱莉·維瓦斯	三之三	一位老太太穿著五彩繽紛的洋裝，坐在藤椅上，顯得明亮親切。椅背後的小男孩溜著滑板，一副自在的模樣。原來，這個小男孩威威是老太太南西的好朋友，他幫助她找回了失去的記憶。
第一百個客人	繪本	郝廣才	朱里安諾	格林	有一天來了一對祖孫，他們身上的錢只買得起一塊披薩，老奶奶心疼孫子，因此將披薩讓給孫子吃。阿比和阿寶看在眼裡，十分感動，他們送給老奶奶一個熱騰騰的披薩，並宣稱這是成為本日第一百個客人的禮物。隔天，他們驚訝的看到孫子竟守候在店門口，數著客人的數目，只為了成為那「第一百個客人」。

【中階】 關懷與感恩

有愛無礙

魏慶雲

> 從出生到長大成人，在成長過程中會有許多生命與我們交會。這些交會或深或淺，但多多少少會在我們的生命中留下痕跡，給我們幫助，使我們更加成長茁壯。
>
> 也有些生命雖然無緣與我們交會，卻是我們生活中不可或缺的；更有些與我們毫無關係的生命，需要我們付出關懷，且值得我們心存感恩。
>
> 在這個單元的教學中，要引導學生了解到，在生命中「人與他人」間所存在的最高情操：關懷與感恩。

壹、在這個活動中，學生將要：

一、蒐集報章雜誌中關於照顧他人的文章。

二、分享從報章雜誌上看到的故事中所獲得的心得。

三、回顧自己成長過程中曾經得到過的幫助與關懷。

四、探索身邊需要關懷的人。

五、說出自己可以對身邊的人表達關懷與感恩的方法。

六、藉著遊戲體驗殘障者的生活。

七、說出自己曾經對身邊的人所表現的關懷。

貳、教學活動：

一、教學預備

　　㈠請學生從報紙、雜誌或網路上蒐集某人因身心障礙或家庭遭逢變故，

社會大眾因而伸出援手、加以協助的文章。

㈡在學習單上將文章內容歸納與整理出來〔學習單（一）〕。

二、活動步驟

㈠每位同學都提出一個自己曾受到的幫助的例子，即使是陌生人的幫助也可以。

㈡票選最感人的受到幫助的經驗，然後討論這件事之所以感人的原因。

㈢全班共同發表自己身邊需要別人幫助與關懷的對象。

㈣討論如何表達關懷與愛，並具體說明自己應該如何做。

㈤遊戲活動：

　1. 在校園中規畫一條需要上上下下來回轉彎的路徑，加以標示，並設置一些障礙物。

　2. 將學生分成兩人一組。

　3. 其中一人眼睛蒙上，與另一人手牽手一同出發。

　4. 從起點到終點，看得到的人必須帶領看不到的人通過所有障礙，但是不可以發出任何聲音，所有指示都必須以動作或觸碰來表達。

　5. 看不到的人可以出聲詢問，但另一方仍然只能以動作回應。

　6. 藉著這樣的遊戲活動，讓學生親身體驗視障者及喑啞人士的不便。

㈥討論肢體殘障人士在生活中的不便，及我們可以為這些人所提供的服務有哪些。

㈦分享自己曾經幫助別人或對別人表達關懷的經驗。

㈧將學生分組（每四人一組），拿出學習單（一）一同分享報導內容，並針對每篇報導的內容，找出一句適當的話（二十字內）來形容。

(九)將身邊需要關懷的人整理出來，並討論幫助他們的方法，然後將討論結果依下表的形式製作成海報。

第_____組關懷與感恩討論資料整理
組員：_____、_____、_____、_____。

一、助人的報導整理

主　題	被幫助者	助人者	內容簡述 （100字內）	評　論 （20字內）

二、我們可以幫助的人

姓　名	需要幫助的原因	可以幫助他的方法

剪報黏貼處

(十)請每組派一位同學出來報告。

(十一)展示各組的海報（包含剪報內容）。

三、延伸活動

(一)蒐集社會上需要幫助的人們的訊息，並且擬定自己可以做得到的幫助計畫。

(二)擬定計畫時可以分組進行，請學生在計畫中所設定的實行方法必須是具體可行的。

(三)「一句好話」教學：每日教導學生一句好話，並分析話中的含義，使學生更能體會知足、感恩、關懷與包容的真諦。

◎參考語句：

1. 原諒別人就是原諒自己。

2. 心中要常有感恩知足的信念。

3. 愛不是只有要求，而是要學習付出。

4. 人的福氣會在付出關懷中累積。

參、學生將學會：

學習目標	對應之九年一貫課程能力指標	
一、藉著檢視社會上無私的「關懷與愛」的報導內容，學習無私的付出。	語文 E-2-4	能掌握不同文體閱讀的方法，擴充閱讀範圍。
	語文 E-2-8	能共同討論閱讀的內容，並分享心得。
二、能夠將心中的感動以適當的言詞與他人分享。	語文 B-2-1	能培養良好的聆聽態度。
	語文 C-1-3	能生動活潑敘述故事。
	語文 C-3-3	能以優雅語言表達意見。
三、對身邊的人表達關懷與感恩。	社會 5-2-3	舉例說明在學習與工作中，可能和他人產生合作或競爭的關係。
	語文 C-3-4	能自然從容發表、討論和演說。
	語文 C-2-2	能合適的表現語言。
四、關懷社會上的弱勢族群。	社會 5-2-2	了解認識自我及認識周圍環境的歷程，是出於主動的，也是主觀的，但是經由討論和溝通，可以分享觀點與形成共識。
	社會 6-2-4	說明不同的個人、群體（如性別、種族、階層等）與文化為何應受到尊重與保護，以及如何避免偏見與歧視。
	語文 C-1-4	能把握說話主題。

肆、小筆記：

伍、學習單：

（一）人間處處有溫情

我找到這篇報導，其主人翁叫作：＿＿＿＿＿＿＿

這件事發生的時間是：＿＿＿＿＿＿＿＿＿＿

這件事發生的地點在：＿＿＿＿＿＿＿＿＿＿

他發生了：（事情的描述）

＿＿＿＿＿＿＿＿＿＿＿＿＿＿＿＿＿＿＿＿＿＿＿

＿＿＿＿＿＿＿＿＿＿＿＿＿＿＿＿＿＿＿＿＿＿＿

＿＿＿＿＿＿＿＿＿＿＿＿＿＿＿＿＿＿＿＿＿＿＿

幫助與關懷他的人有：

＿＿＿＿＿＿＿＿＿＿＿＿＿＿＿＿＿＿＿＿＿＿＿

這些人和主人翁的關係是：＿＿＿＿＿＿＿＿＿＿

他們幫助主人翁的方法是：

＿＿＿＿＿＿＿＿＿＿＿＿＿＿＿＿＿＿＿＿＿＿＿

＿＿＿＿＿＿＿＿＿＿＿＿＿＿＿＿＿＿＿＿＿＿＿

＿＿＿＿＿＿＿＿＿＿＿＿＿＿＿＿＿＿＿＿＿＿＿

看完這篇報導，我覺得：

＿＿＿＿＿＿＿＿＿＿＿＿＿＿＿＿＿＿＿＿＿＿＿

＿＿＿＿＿＿＿＿＿＿＿＿＿＿＿＿＿＿＿＿＿＿＿

＿＿＿＿＿＿＿＿＿＿＿＿＿＿＿＿＿＿＿＿＿＿＿

除了報導中的情形之外，我認為還有其他的方法可以幫助別人，例如：

＿＿＿＿＿＿＿＿＿＿＿＿＿＿＿＿＿＿＿＿＿＿＿

＿＿＿＿＿＿＿＿＿＿＿＿＿＿＿＿＿＿＿＿＿＿＿

＿＿＿＿＿＿＿＿＿＿＿＿＿＿＿＿＿＿＿＿＿＿＿

（二）大家都相親相愛

　　親愛的小朋友，在你過去的生活裡，曾經有人幫助過你嗎？或是你曾經幫助過別人嗎？

　　你還記得事情的經過嗎？好好的想一想，把這些事情寫出來。

我曾經得到的幫助：

幫助我的人是 （寫出名字）	他怎樣幫助我（寫出事情）	我要對他說 句感恩的話

我曾經幫助過的人：

我幫助的人是 （寫出名字）	我怎樣幫助他（寫出事情）

◎能夠幫助別人使我心裡覺得：

（三）難忘的音符

有一首歌是這樣的：

歌名：「我的媽媽來接我」

淅瀝、淅瀝，嘩啦、嘩啦，雨下來了！

我的媽媽拿著雨傘來接我，

淅瀝、淅瀝，嘩啦、嘩啦，啦、啦、啦、啦。

這首歌是說：放學的時候，天空突然下起一陣傾盆大雨。如果冒雨回家一定會被淋成落湯雞，但是如果不冒雨回去，又不知道這場雨會下多久。就在這個令人為難的時刻，卻看見媽媽冒著大雨，拿著雨傘來接我回家。

在我們需要幫助的時候，能夠有人出來幫忙，是一件多麼幸運的事。

現在請你想一想，在你曾經得到的幫助中，有哪件事令你特別難忘呢？

把這件事編寫成一首歌吧！

歌名：

◎我寫的這首歌所描述的事情是：

（四）叮叮噹噹＋花花綠綠

　　做完體驗殘障的活動後，你是不是覺得能夠聽得到、看得見，真是一件幸運而且幸福的事呢？

　　現在，讓我們好好利用我們的耳朵和眼睛，來做做和聲音及顏色有關的實驗吧！

聲音的實驗

⑴分別在玻璃杯、鋼杯、寶特瓶中裝一半的水，然後敲擊它們，聽聽看聲音不同的地方是：

⑵在同樣的玻璃杯中，裝進一點點水、多一點點的水、一半的水、比一半還要多的水、滿滿的水，然後敲敲杯子的邊緣，它們的聲音一樣嗎？不同的地方是：

⑶你比較喜歡哪一種聲音：

　為什麼：

顏色的實驗

⑴你看過彩虹嗎？彩虹在什麼時候才會出現：＿＿＿＿＿＿＿＿＿＿＿＿

　彩虹有哪些顏色：＿＿＿＿＿＿＿＿＿＿＿＿＿＿＿＿

　把這些顏色的光聚在一起，就會變成白色的光，很神奇吧！

⑵請你準備一張紅色的透明紙、一張藍色的透明紙和一張黃色的透明紙。

⑶再準備一張紅色的色紙、一張藍色的色紙，以及一張黃色的色紙。

⑷當我把紅色的透明紙貼在臉上去看：紅色的色紙會變成＿＿＿＿色、藍色的色紙會變成＿＿＿＿色、黃色的色紙會變成＿＿＿＿色。

⑸當我把藍色的透明紙貼在臉上去看：紅色的色紙會變成＿＿＿＿色、藍色的色紙會變成＿＿＿＿色、黃色的色紙會變成＿＿＿＿色。

⑹當我把黃色的透明紙貼在臉上去看：紅色的色紙會變成＿＿＿＿色、藍色的色紙會變成＿＿＿＿色、黃色的色紙會變成＿＿＿＿色。

陸、評量標準：

評量標準		
編號	工作	評量細目
1	蒐集與整理	⑴能找到合適的報導。 ⑵能分析報導中的人、事、時、地、物，並以文字表達。 ⑶能依報導內容表達心中的感受。
2	能對別人表達關懷	⑴能發現身邊需要關懷的人。 ⑵能說出幫助別人的具體方法。
3	會說合適的話語	⑴能說出曾受過的照顧。 ⑵能用適當的言詞表達感謝。 ⑶能在分組討論中積極的表達與分享。
4	與人合作	⑴能做好小組分配的任務。 ⑵能製作符合要求的海報。
5	口頭評量	⑴能分享看完繪本的心得。 ⑵能說出闖關後的感想。 ⑶能對母親說出感謝、感恩的話。

柒、相關網站：

網站及網址	網站介紹
兒童文化館 http://www.cca.gov.tw/children/	為行政院文建會所架設的網站，裡面有每月選書、美術館、圖書館、互動區等，可以讓小朋友直接在網站上看故事動畫跟玩有趣的互動遊戲。
國語日報兒童文教新聞 http://www.mdnkids.org.tw/	為國語日報所架設的網站，內容包含國語日報期刊中幾個專欄，內容豐富有趣。
兒童島——電子報森林 http://kid.udn.com/ZOPE/UDN/Children/	以電子報的形式，來讓小朋友閱讀許多有趣的故事或文章。
童書榨汁機 http://books.wownet.net/	由幸佳慧創站於 2001 年 9 月，是一個新興的童書網路交流園地，你可以在這裡盡情找尋或提供資訊、暢談對童書的看法、發表作品。
生命教育學習網 http://life.edu.tw/homepage/091/new_page_2.php	為教育部所架設有關生命教育的網站，內容十分豐富，對象從幼稚園學童到出社會的大人們都可以使用。

捌、我的表現（評量表）：

我的表現如何？	學生自評			老師回饋		
	我真是有夠讚	我的表現還不錯	我還需要再加油	你真是有夠讚	你的表現還不錯	再加油一點會更棒
我能夠						
1 我能夠從報紙雜誌上找到關於關懷的文章。						
2 我能夠說明曾經得到的幫助。						
3 我能夠對幫助我的人表達感恩。						
4 我能夠發現身邊需要幫助與關心的人。						
5 我能夠盡力幫助需要幫助的人。						
6 我能夠找到幫助別人的正確方法。						
我做到了						
1 我可以在分組討論中積極的發表意見、參與討論。						
2 我可以在別人發表意見時，安靜聆聽。						
3 我可以和別人一起製作海報。						
4 我可以在全班討論時，清楚發表自己的看法。						
我學會了						
1 我學會在報章雜誌上找資料的方法。						
2 我知道用簡單的句子描述一件事情。						
3 我學會用關心、愛與身邊所有的人相處。						
4 我知道殘障者在生活上不便的地方。						

◎老師想對你說的話：

_____

_____

_____

玖、延伸閱讀：

書名	類別	作者	繪者	出版社	內容介紹
波利的新妹妹	繪本	布里姬特·溫尼格／李紫蓉	伊芙·塔列特	台灣麥克	波利的媽媽要生小寶寶，全家人欣喜若狂，只有波利例外。小寶寶誕生了，但她卻不斷哭鬧，爸爸跟波利的哥哥姊姊使盡渾身解數，也無法讓小寶寶不哭。然而神奇的是，當波利抱著小寶寶時，小寶寶居然不哭了，從此波利變成媽媽照顧新妹妹最棒的幫手。
希望的翅膀	繪本	郝廣才	陳盈帆	格林	天羽和爸爸、媽媽、妹妹在一次猛烈的地震中分開了，他看到地震的恐怖、哀傷，卻也看到了人性的溫暖。地震後的重建讓每個人像朋友一樣互相幫助，而天羽也真的像天使一樣有雙翅膀，在天上看著他的家人快樂的過生活。
第五個寶貝	小說	艾琳諾·可兒／吳玫瑛		月旦	惠美子很喜愛書法，除了最愛的文房四寶外，她還擁有「第五個寶貝」。在美軍投下原子彈後，她被送往祖父母家，一個十歲的小女孩被迫離開父母和好朋友。而且她的手也被炸傷，從此無法寫好看的書法，也被新同學嘲笑，她的心中之美也逐日在消失。還好有小加的出現，幫助她重拾信心。
幸福的好滋味——蜜蜜甜心派2	散文	朴仁植		印刻	本書共由六十則溫馨小故事所構成，每一則故事內容雖然不長，卻蘊含著豐富的人生哲理，包含有親情、友情、愛情等各種人性之美，讓人感受到，不管在世界的哪一個角落，都充滿溫暖、光明的幸福感。
用愛心說實話	繪本	派翠西亞·麥基撒克	吉絲莉·波特	和英	媽媽告誡莉莉不能說謊，但是她說實話後卻得罪了同學，她既難過又困惑。最後，她終於了解，說實話是要看時機的，並沒有那麼容易。
乞丐王子	世界文學名著	馬克·吐溫		台灣東方	兩個長得一模一樣的男孩，卻有著截然不同的命運：一個是尊貴的王子、一個是街上的乞丐。在奇特的因緣下，他們互換了身分。
愛的教育	世界文學名著	亞米契斯		台灣東方	作者用第一人稱的方式，寫下四十七篇日記體的文章，記錄了學校裡發生的各種事件。雖然故事的背景是許多年前的義大利，但是今日看來，依舊篇篇都充滿歡笑與淚水，篇篇都感動人心。

【進階】

寵物情緣

李燕梅

> 從人與人之間，拓展到人與動物的關係，為的是讓學生從關懷與感恩的角度對待生活周遭的每一份子，包括動物在內。現代的人對於寵物的飼養抱持著高度的興趣，藉此，讓學生從飼養寵物了解到，對待動物應抱持著關懷的態度和一顆心存感恩的心。

壹、在這個活動中，學生將要：

一、教師導讀《再見了！可魯》，學生提出自己的心得與看法。

二、全班共同分享飼養寵物的經驗與飼養寵物的條件。

三、透過資料蒐集與閱讀，設計一份寵物檔案與小主人檔案。

四、參與寵物認養活動，分享認養的心得與感想，並提出減少流浪動物的方法。

貳、教學活動：

一、活動步驟

㈠引起動機：導讀《再見了！可魯》（文：石黑謙吾，攝影：秋元良平，出版社：台灣角川書店）這本書，並透過導讀讓學生了解寵物與人類之間密切的關係。

㈡共同討論飼養寵物的經驗與飼養寵物的條件。

㈢老師與學生每人設計一份寵物檔案，將自己想像成一種寵物，並透過

　　資料查詢了解該種寵物，記錄寵物的相關資料，做成一份寵物的基本檔案。

㈣老師蒐集全班的寵物檔案，進行寵物認養活動，全班每位學生都要認養一種寵物（教師不參與認養活動），最後剩下一份沒有人認養的寵物檔案。

㈤填寫小主人檔案，共同討論當一位認養寵物的好主人該具備的條件。

㈥全班討論最後沒有人認養的寵物之問題，並尋求解決之道。

㈦透過認養活動，與學生討論如何看待生活周遭的動物以及減少流浪動物的方法。

二、延伸活動

　　利用剩下沒有人認養的寵物，全班發起協助認養寵物，模擬舉辦愛心認養活動。

參、學生將學會：

學習目標	對應之九年一貫課程能力指標	
一、透過書籍導讀讓學生了解寵物與人之間的關係。	語文 E-2-4	能掌握不同文體閱讀的方法，擴充閱讀範圍。
	語文 B-2-2	能把握聆聽的方法。
二、從蒐集與閱讀資料來認識生活中常見的動物（寵物）。	語文 E-2-9	能結合各電腦科技，提高語文與資訊互動學習和應用能力。
	語文 F-2-4	能應用各種表達方式練習寫作。
三、透過討論讓學生了解動物與人的相處之道。	語文 C-2-1	能充分表達意見。
四、能知道男女生在身體上的差異。	健體 1-1-3	認識身體發展的順序與個別差異。
	健體 1-1-5	討論對於身體的感覺與態度，學習尊重身體的自主權與隱私權。

肆、小筆記：

伍、學習單：

（一）寵物檔案

我的名字：

種類：

年齡：

性別：

特徵：

我的食物：

生活習性：

我的個性：

愛的條件（主人須知）：

(1)＿＿＿＿＿＿＿＿＿＿＿＿＿＿＿＿＿＿＿＿＿＿＿＿＿＿

(2)＿＿＿＿＿＿＿＿＿＿＿＿＿＿＿＿＿＿＿＿＿＿＿＿＿＿

(3)＿＿＿＿＿＿＿＿＿＿＿＿＿＿＿＿＿＿＿＿＿＿＿＿＿＿

(4)＿＿＿＿＿＿＿＿＿＿＿＿＿＿＿＿＿＿＿＿＿＿＿＿＿＿

(5)＿＿＿＿＿＿＿＿＿＿＿＿＿＿＿＿＿＿＿＿＿＿＿＿＿＿

⑹愛我就不要隨便遺棄我。

（二）小主人檔案

我的小主人是：_____

姓名：_____

年齡：_____

職業：_____

飼養寵物種類：_____

主人居住環境：_____

寵物居住環境：_____

愛的小窩：_____

請依照書寫箭頭指示，將下列五項問題的答案填入五個小窩當中。

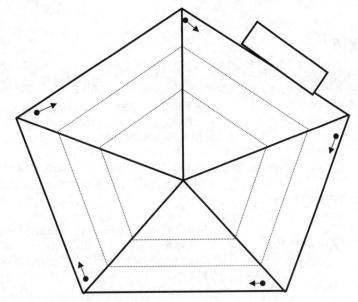

⑴食：如何餵養你的寵物？

⑵醫：如何讓你的寵物保持健康？

⑶住：如何設計寵物居住的環境？

⑷育：如何教導寵物養成良好的習慣？

⑸樂：如何與你的寵物相處愉快（例如：帶寵物去散步）？

陸、評量標準：

評量標準		
編號	工作	評量細目
1	閱讀繪本、團體討論	(1)能透過繪本導讀，共同討論繪本內容與心得感想。 (2)分組討論日常生活當中與動物相處的經驗。
2	蒐集飼養動物的相關資訊	(1)透過書籍查閱、訪談、網路搜尋，蒐集飼養動物的相關資訊。 (2)彙整蒐集到的資料，作為資訊參考的依據。
3	製作寵物小檔案 製作小主人檔案	(1)以蒐集到的資訊，個人完成寵物小檔案。 (2)依個人的生活經驗與興趣完成小主人檔案。
4	團體討論	(1)小組討論，說出動物與人之間正確的相處模式。 (2)小組討論，說出流浪動物的預防方法與解決之道。

柒、相關網站：

網站及網址	網站介紹
中華民國保護動物協會 http://www.apaofroc.org.tw/	這是全國第一個成立保護動物的團體，從網站中可以查詢到保護動物的相關法令與資訊，並且可以認識有關動物飼養的資訊。
寶島動物園——台中市世界聯合保護動物協會 http://www.lovedog.org.tw/	從這個網站可以查詢到許多有關流浪動物的文章與小故事，以及對於流浪動物的收留與照顧的種種情形。
關懷生命協會 http://www.lca.org.tw/index.asp	這是一個以關懷動物為關懷生命出發點的協會網站，從網站中可以知道動物被人類捕殺、虐待、棄養的案例，透過網站也可以了解如何保護動物、關懷動物。

捌、我的表現（評量表）：

我的表現如何？						
	學生自評			老師回饋		
	我真是有夠讚	我的表現還不錯	我還需要再加油	你真是有夠讚	你的表現還不錯	再加油一點會更棒
我能夠						
1 我按照老師指示完成活動。						
2 我能專心聆聽其他同學的討論，並適時提供意見。						
3 我能一個人獨力完成寵物小檔案與小主人檔案。						
我做到了						
1 我可以與小組討論主題內容和心得感想。						
2 我可以蒐集有關飼養動物的相關資訊。						
3 我可以完成寵物小檔案與小主人檔案。						
4 我可以認真參與小組討論。						
我學會了						
1 我知道這個主題的內容與意義。						
2 我知道透過閱讀、訪談、網路搜尋找到有關的資料。						
3 我知道如何完成寵物小檔案與小主人檔案。						
4 我學到如何與他人討論及分享的經驗。						
5 我能將學習到的正確對待動物的觀念運用到日常生活中。						

◎老師想對你說的話：

玖、延伸閱讀：

書名	類別	作者	繪者	出版社	內容介紹
找回真愛	繪本	巴貝柯爾	巴貝柯爾	格林	有一隻小狗叫「真愛」。真愛很努力的讓主人感到牠的溫暖、牠的分享、牠的關懷，但為何主人感受不到呢？當真愛離開時，主人才開始苦苦思念牠，最後真愛還是回到了主人的身邊。
我和我家附近的野狗們	繪本	賴馬	賴馬	信誼	文章取材自現代大街小巷常常出沒的野狗，牠們到處大小便、咬人，這些行為讓小男孩很害怕，使得男孩出門必須裝扮成一棵樹，還要繞遠路才能到學校。後來，男孩在草叢中發現兩隻肥嘟嘟的小狗，於是產生了飼養的念頭，但相對的，他也要付出相當的代價，經過一番考慮過後，小男孩決定抱抱自己的小布狗就好了。

面向二：社會文化

互助合作

初階 一個都不能少

中階 同心協力
——開麥拉！

進階 話話書，畫畫書

【初階】

一個都不能少

劉惠文

> 　　兒童在低年級開始學習學校生活，一開始就要培養正向的團體生活概念：互助合作、互相幫助，使其健康、快樂的在學校活動，進而懂得待人處事之道。因此，在這個活動裡，教師透過繪本，介紹朋友間的互助合作，並讓小朋友從團體遊戲中體會互助合作的重要，以及小組成員間互相幫忙的溫馨感覺。

壹、在這個活動中，學生將要：

一、分工合作畫出繪本中的主角，製作帽偶。

二、聆聽老師介紹《南瓜湯》（文、圖：海倫‧庫柏，出版社：和英）繪本，甚至搭配故事內容做表演。

三、願意與大家分享看完繪本的心得，提出互助合作的方法及要素。

四、遵守團體遊戲規則，進行活動競賽，並且討論出互助合作的方法。

五、記錄活動的心得並與他人分享。

貳、教學活動：

一、活動步驟

(一)分組製作帽偶：各組先在畫紙上完成《南瓜湯》的主要角色及事物：南瓜、鍋具、鴨子、貓、松鼠等圖案，畫好後再剪一長條紙黏貼於圖案背後，量一量學生頭圍，以可以戴在學生頭上為主。在說故事當

中，教師可以適時讓學生做角色扮演等應用（圖案大小適中，否則會遮住臉或是看不清楚）。

㈡教師導讀朋友間互助合作的繪本《南瓜湯》，引導小朋友進入故事情境中，例如請小朋友聞聞看南瓜的味道：「聞！好香！再聞一下！」（動作、音調變化，甚至是播放恰當的背景音樂來引導進入情境）

㈢師生共同討論故事內容：教師提問，小朋友發表，引導小朋友了解互助合作之下，三位朋友才可能煮成一鍋美味的南瓜湯〔學習單（一）〕。

㈣介紹團體遊戲規則：老師針對互助合作的主題，介紹「少一個都不行」的團體遊戲，全班分組，各組有巧拼板拼成的正方形（依照分組人數決定用九塊或是十六塊）。小朋友站在巧拼板上方，各組派代表猜拳，輸者該組的巧拼板就要被取走一塊。每位學生輪流出來猜拳，遊戲進行中如有任何組員跑到巧拼板外，就算出局，在時間內剩下最多人數的組別即獲得優勝。確定了解規則後，由各組小朋友討論互助合作的要點，並歸納出來寫在學習單上〔學習單（二）遊戲前〕。

㈤活動結束、統計結果表揚後，老師和學生共同分享遊戲的心得，討論過程中的收穫，以及印象深刻的地方。和學生討論互助合作的要訣，與實行過後有沒有落差？是什麼原因造成的？下一次如果再有類似的活動，要怎麼互助合作會表現得更好？〔學習單（二）遊戲後〕。

㈥在活動中如果可以的話，教師可為小朋友拍照，讓學生寫下心得，畫下記錄，與家長共同分享，甚至家長也共同參與，和教師共同給予回饋〔學習單（三）〕。

二、延伸活動

教師可以讓學生玩「兩人三腳」遊戲，從開始的兩人一起活動，逐漸增加人數，依照學生的能力增加到「四人五腳」就相當具有挑戰了。與學生有計畫的安排時間練習，甚至可邀約同年級的其他班級來參與，讓學生體會互助合作、團隊合作的重要。

參、學生將學會：

學習目標	對應之九年一貫課程能力指標	
一、在團體中能聆聽他人的發言，尊重他人的看法。	健體 6-1-5	了解並認同團體規範，從中體會並學習快樂的生活態度。
二、能夠記錄下來團體活動的經過、心得，培養寫作的興趣。	語文 F-1-4-10-3	能應用文字來表達自己對日常生活的想法。
三、能了解互助合作的重要，以及在團體中如何與別人互助合作。	綜合 3-1-2	體會團隊合作的意義，並能關懷團隊的成員。
	健體 4-1-1	藉語言或動作，來表達參與身體活動的感覺。

肆、小筆記：

伍、學習單（小組共同完成）：

（一）我們都是大廚師

⑴在《南瓜湯》這本書中，是哪三位好朋友做出世界上
最好喝的南瓜湯？

_____負責「放鹽」的工作

_____負責「　　　　　　　」的工作

_____負責「　　　　　　　」的工作

⑵邀請組員共同做出一道最想吃的食物，你們要如何分
工合作呢？請把「設計單」寫出來或畫下來（簡短文字
敘述）。

食物名稱：

廚師伙伴：

工作分配：

（二）少一個都不行

＜遊戲前＞

要怎樣互助合作才可能在團隊遊戲中獲勝？（例如：互相抓緊）

(1) _____

(2) _____

_____

＜遊戲後＞

你們覺得互助合作容不容易？ _____

為什麼呢？

_____

下次還有類似的活動，要怎樣做會表現得更好？請把互助合作金字塔搭建完成！

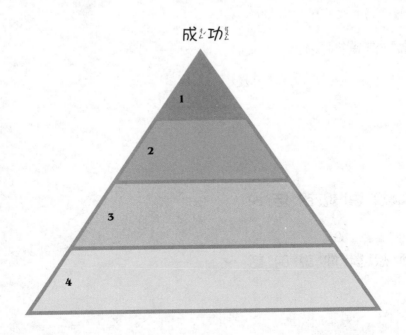

成功

（三）互助合作真正棒

記錄活動……
（照片或圖畫）

活動心得：

家人想要說的話～

老師想對你說的話～

陸、評量標準：

評量標準		
編號	工作	評量細目
1	合力製作帽偶：鴨子、貓、松鼠、小湯匙、大湯匙、鍋子	各組負責一種圖案，有人構圖畫輪廓，有人負責描邊，有人剪裁黏貼，有人擔任該角色的扮演。
2	小組完成學習單㈠	小組經過討論，可以： ⑴寫下故事的主角及擔任的工作。 ⑵設計食物菜單，包括食物名稱、廚師團隊、工作分配。
3	協力合作學習單㈡	小組共同討論： ⑴寫下遊戲競賽互助合作的方法。 ⑵檢討遊戲的過程，應如何做可以表現得更好。
4	團體遊戲中學習互助合作	⑴各組能夠遵守遊戲規則，並且完成遊戲活動。 ⑵在過程中發揮團隊精神，互助合作。
5	活動回顧與心得分享	能夠記錄活動並寫下心得感想，與家人分享，親師給予回饋。

柒、相關網站：

網站及網址	網站介紹
文建會兒童文化館 http://www.cca.gov.tw/children/	分四大部分：「每月選書」、「圖書館」、「繪本美術館」以及「互動區」，為文建會設立的繪本介紹網站。
亦集團康魔法城 http://rodney.xxking.com/	介紹許多團康、戲劇和笑話……等。

捌、我的表現（評量表）：

我的表現如何？	學生自評			老師回饋		
	我真是有夠讚	我的表現還不錯	我還需要再加油	你真是有夠讚	你的表現還不錯	再加油一點會更棒
我能夠						
1 我能專心聆聽故事或盡力參與角色扮演。						
2 我能和小組成員一同分享聽完故事的心得。						
我做到了						
1 我和小組分工合作製作出一頂帽偶。						
2 我能和小組合作完成學習單中故事的主角和菜單設計。						
3 我有寫下遊戲競賽互助合作的方法。						
4 我用文字和圖畫記錄下學習的活動。						
我學會了						
1 我能聆聽他人的發言，尊重他人的看法。						
2 我懂得互助合作的重要。						
3 我能在團體中與別人互助合作。						
4 我能主動分享並感受到愉快的氣氛。						

◎老師想對你說的話：

_____

_____

_____

_____

玖、延伸閱讀：

書名	類別	作者	繪者	出版社	內容介紹
可憐的鴨子	繪本	馬丁・威朵	海倫・奧克森伯瑞	台灣麥克	一隻可憐的鴨子和一個懶惰的農夫住在一起，鴨子得做農夫要做的所有工作，而農夫整天躺在床上，只會對鴨子喊著：「工作做好了沒？」農場上其他的動物都因此感到憤憤不平，因此決定幫忙鴨子，合力把農夫趕走，從此農場上的動物天天快樂的一起工作。本書展現了動物們互助合作的情感，文辭中常出現狀聲詞，也是本書特別處之一。
西非荒漠上的台灣奇蹟	繪本	國際合作發展基金會	義大利Ink Link 工作室	格林	此書結合台灣的文字撰寫者、義大利的畫家、美國與比利時的譯者，共同完成了中、英雙語及中、法文雙語彩色繪本，帶領讀者細數我與布吉納法索合作四十年的點點滴滴，一同見證我國技術團在非洲布吉納法索創造出的「綠色奇蹟」。

【中階】　　　　　　　　　　　　　　　　　　　　互助合作

同心協力……開麥拉！

陳杍鈴

> 　　一齣戲劇成功與否的關鍵在於「過程」，從寫劇本、道具製作到成果發表，能互助合作的往往是表現最出色的小組。本活動讓學生體會如何與小組間的成員溝通，工作的分配協調……。與以往角色扮演不同的是，「同心協力——開麥拉！」加入了「成語」的部分，從認識有關「合作」的成語到實際體驗合作的重要，使小朋友能循序漸進的學習如何與他人合作，並能進一步體認個人在團體中的重要性。

壹、在這個活動中，學生將要：

一、說出各成語圖卡代表的意思，並能比較其異同。

二、能寫出劇本與分工表，並將老師指定的成語融入劇情中。

三、在小組討論中勇於發表自己的想法，並能尊重他人的意見。

四、欣賞其他各組的表現，能客觀的打分數並找出優缺點。

五、能體會個人在小組中的重要，並了解團結合作的重要。

六、能完成學習單。

貳、教學活動：

一、活動步驟

㈠教師將「互助合作、同心協力、同舟共濟、一盤散沙、唇亡齒寒、各持己見」這六個成語的圖片貼在黑板上，讓小朋友看圖猜成語，答對

最多題的小組即為優勝。

㈡請各小組討論這六個成語有何相同或相異處（成語可分為兩類，一種是團結合作的，另一種為自私自利的）。

㈢一組抽一張成語圖片，須用五分鐘以上的狀況短劇，將該成語融入戲劇中，抽中的成語即為該組的劇名（例如：第三組演出的是「同舟共濟」，每組需繳交劇本與分工表）。

㈣公布評分標準：劇本、道具、儀態、聲音各占25%，每組將成績打在小白板上，老師將平均後的成績公布在黑板，分數最高的組別可得到小獎勵。

㈤全班票選最佳演技、最佳道具、最佳旁白、最佳搞笑獎（可視情況增減獎項）。

㈥請小朋友完成學習單。

二、延伸活動

《好耶！胖石頭》（文：方素珍，出版社：國語日報）繪本導讀。小朋友已經有實際演出一齣短劇的經驗，更能同理書中主角「小豬仔」的心情，讓小朋友體認到所有的角色都很重要，每個人在團體中代表的地位都是無可取代的，唯有全力以赴扮演好自己的角色，才能演出一部最完美的戲劇。

參、學生將學會：

學習目標	對應之九年一貫課程能力指標	
一、具備解讀圖像成語的能力。	語文 D-1-2-3-1	會利用音序及部首等方法查字（辭）典，並養成查字（辭）典的習慣。
二、能依照成語的解釋，來進行比較與分析。	語文 C-1-4-9-3	能依主題表達意見。
三、能有系統的組織劇情，並將其記錄下來。	語文 F-1-1-9-4	能經由作品欣賞、朗讀、美讀等方式，培養寫作的興趣。
四、能自己分配工作，培養團隊中的責任感。	社會 3-2-1	參與各類團體自治活動，並養成負責與尊重紀律的態度。
五、培養藝術欣賞的風度，並能客觀的為其評分及找出優缺點。	語文 B-1-1-3-3	能養成仔細聆聽的習慣。
	語文 C-1-2-5-3	能表達自己的意思，自然與人應對。
	藝文 2-2-7	相互欣賞同儕間視覺、聽覺、動覺的藝術作品，並能描述個人感受及對他人創作的見解。
六、用文字記錄本節課所學到的內涵。	語文 D-1-4-1-1	能養成良好的書寫姿勢（良好的坐姿、正確的執筆和運筆的方法），並養成保持整潔的書寫習慣。
	語文 D-1-4-2-2	能正確的使用和保管寫字工具
	語文 D-1-6-10-1	能激發寫字的興趣。
	藝文 1-2-3	參與藝術創作活動，能用自己的符號記錄所獲得的知識、技法的特性及心中的感受。

肆、小筆記：

伍、學習單：

（一）依樣畫「成語」

✏ 請在下列框中畫出各個成語，要記得塗上顏色喔！

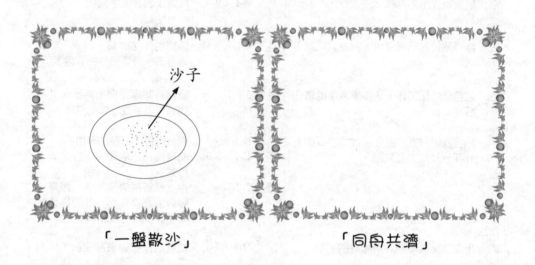

「一盤散沙」　　　　　　「同舟共濟」

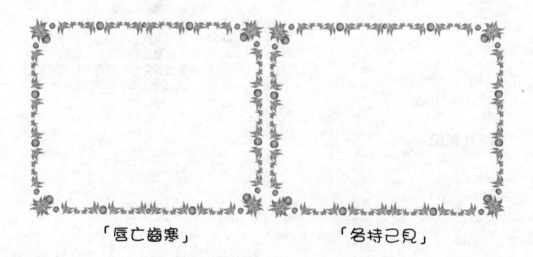

「唇亡齒寒」　　　　　　「各持己見」

（二）新聞追追追

　　歷經了好多次的小組討論，我們終於完成了成語短劇的演出，在準備這齣短劇的過程中，想必你有很多的想法與感覺吧！試試看，來完成小記者訪問你的問題吧！

✎ 請問你們演出的成語短劇是？（填成語名字）

＿＿＿＿＿＿＿＿＿＿＿＿＿＿。

✎ 你在劇中所扮演的角色是？

＿＿＿＿＿＿＿＿＿＿＿＿＿＿。

✎ 你喜歡你的角色嗎？為什麼？

我＿＿＿＿＿＿（填喜歡或不喜歡）我的角色，因為＿＿＿＿＿

＿＿＿＿＿＿＿＿＿＿＿＿＿＿＿＿＿＿＿＿＿＿＿＿＿。

✎ 你覺得小組中最辛苦的人是誰？為什麼？

我覺得小組中最辛苦的是＿＿＿＿＿＿＿＿＿，因為＿＿＿＿＿

＿＿＿＿＿＿＿＿＿＿＿＿＿＿＿＿＿＿＿＿＿＿＿＿＿

＿＿＿＿＿＿＿＿＿＿＿＿＿＿＿＿＿＿＿＿＿＿＿＿＿。

✎ 你覺得完成一齣成語短劇最辛苦的部分是什麼？為什麼？

我覺得最辛苦的部分是＿＿＿＿＿＿＿＿＿＿＿＿＿＿＿＿，

因為＿＿＿＿＿＿＿＿＿＿＿＿＿＿＿＿＿＿＿＿＿＿＿＿

＿＿＿＿＿＿＿＿＿＿＿＿＿＿＿＿＿＿＿＿＿＿＿＿＿

＿＿＿＿＿＿＿＿＿＿＿＿＿＿＿＿＿＿＿＿＿＿＿＿＿。

陸、評量標準：

評量標準		
編號	工作	評量細目
1	了解成語的意涵與應用	(1)能看圖說出成語。 (2)能畫出成語。 (3)能找出有關團結合作的成語。 (4)能比較團結合作與自私自利成語的異同。
2	演出成語短劇	(1)能自己編製劇本。 (2)能平均分配工作並完成分工表。 (3)能欣賞並具體說出其他組的優點。 (4)能運用多種媒體素材呈現短劇（例如：音樂、服裝、道具）。 (5)能在討論過程中清楚表達自己的意見。
3	完成學習單	能用文字記錄、籌畫成語短劇過程中的心得感想。

柒、相關網站：

網站及網址	網站介紹
陶陶的看圖猜成語 http://home.kimo.com.tw/ptef/304-1.htm	此網站中有很多「看圖猜成語」的範例，站長還將所有圖片製作成投影片供老師教學使用。「留言版」可供老師們在成語教學後彼此討論與分享，不過裡面的圖片是有版權的，未經站長同意可不能張貼或轉載喔！
逸趣成語墊 http://home.kimo.com.tw/boogo2/home.html	這個網站中有相當多的成語介紹，且成語的排列方式是按照筆劃順序，讓查詢成語的動作更迅速有效率。值得一提的是，裡面還有好玩的成語小遊戲和與其他相關成語網站的連結，是個成語資訊非常豐富的網站。
兒童劇簡介 http://www.arte.gov.tw/childrendrama/index.html	這是國立台灣藝術教育館網站內有關兒童劇的介紹，內容涵蓋如何開發孩子的肢體潛能及該遵守的劇場禮儀，還有指導學生如何編劇的小遊戲，對於角色扮演的課程有極為豐富的參考資料。

捌、我的表現（評量表）：

我的表現如何？	學生自評			老師回饋		
	我真是有夠讚	我的表現還不錯	我還需要再加油	你真是有夠讚	你的表現還不錯	再加油一點會更棒
我能夠						
1 我能看圖片聯想出成語。						
2 我會用圖片來解釋成語。						
3 我能比較團結合作和自私自利成語的異同。						
4 我在討論的過程中可以清楚表達自己的意見。						
5 我能認真欣賞其他組的表演。						
6 我可以比較自己組與其他組的優缺點。						
7 我可以獨自或與小組合力完成學習單。						
我做到了						
1 我和小組成員合作完成「成語短劇」。						
2 我能在小組中做好自己負責的工作。						
3 我能專心欣賞其他組別的演出。						
我學會了						
1 我能說出「團結合作」的相關成語。						
2 我能說出「自私自利」的相關成語。						
3 我學會了和小組成員溝通的方法。						
4 我可以和小組用不同的方法來呈現成語短劇。						

◎老師想對你說的話：

玖、延伸閱讀：

書名	類別	作者	繪者	出版社	內容介紹
看圖猜成語	語言學習	曾老師		人類	結合趣味猜謎與成語學習，讓孩子能以更有趣的方式認識成語。本書還有成語造句的範例，讓孩子練習將成語生活化。
跳跳O	繪本	路易斯	路易斯	格林	在這本沒有字的漫畫圖畫書中，作者路易斯想了30種瘋狂的點子，讓跳跳O去實踐，但是跳跳O的下場卻一次比一次悲慘，掉到懸崖下去不說，頭上還頂了一坨牛大便，或是變成氣球之後在空中裂成兩半！作者的異想天開不斷給讀者驚喜，讓我們忍不住在為跳跳O加油打氣之餘，同時也被他每一次嘗試後的可笑下場，逗得哈哈大笑！
成語故事	語言學習	世一編輯部		世一	本書收錄四百餘則成語故事，全文以淺顯的白話文撰寫，並介紹成語的來源、典故及用法。
成語活學活用	語言學習	陳建羽		台灣實業	本書除了介紹成語外，還介紹了作文步驟、作文技巧、標點符號，讓學生學習如何將成語靈活運用。
椅子樹	繪本	梁淑玲	梁淑玲	國語日報	巨人的花園裡有一棵自私又驕傲的樹，身上只有幾片葉子、身子光溜溜的沒有枝幹，他什麼都不想和別人分享。直到巨人在這棵長得像椅子的樹上休息後，這才改變了一切。
一片披薩一塊錢	繪本	郝廣才	朱里安諾	格林	會做披薩的大熊阿比和會做蛋糕的鱷魚阿寶是一對要好的鄰居，你請我吃蛋糕，我請你吃披薩，真是快活極了。可是有一天阿比作起了發財夢，決定要「一片披薩一塊錢」！這下子好朋友會不會翻臉呢？朱里安諾以絢麗的畫筆、豐富的色彩，帶領讀者進入一個溫馨美麗的童話世界。

【進階】　　　　　　　　　　　　　　　　　　　　互助合作

話話書，畫畫書

劉惠文、陳杼鈴

手繪書製作的方法有很多種，本單元並不著重於要使用哪種方法來製作手繪書，而是強調在手繪書製作的過程中，大家是如何分工合作的：有的畫圖，有的寫劇本，甚至有的塗色、描邊框，必須經由大家有效率的分工合作，才能完成自己創作的手繪書。

這當中還有一個重要的步驟就是，每組繪本中的故事是一樣的，但大家畫出來的人物卻並不相同，所以教師在講述《七兄弟》故事時最好用口述法，甚至不要讓學生看到七兄弟的圖片，這樣學生才不會被現有圖片的人物制約，造成每組畫出來的人物都大同小異。

壹、在這個活動中，學生將要：

一、能專心聆聽《七兄弟》（文：郝廣才，出版社：遠流）的故事，並能了解製作手繪書的方法。

二、能討論如何製作該組的手繪書，並能將工作平均分配。

三、能畫出七兄弟的差異處。

四、小組能分享做手繪書的心得感想。

五、能欣賞其他組別製作的手繪書。

貳、教學活動：

一、活動步驟

　　㈠教師介紹繪本《七兄弟》，可以在班上選出七位學生做角色扮演。

㈢討論故事內容，像是七兄弟之間如何相處？又各有何種專長和特質？並進一步分享自己與兄弟姊妹的相處之道、與學校同學間又如何相待，老師歸納大家意見，最後提出「互助合作」的重要〔學習單（一）〕。

㈢手繪書樣式介紹：五至六人一組，說明各組製作出自己的手繪書。先介紹各種式樣的手繪書，作為學生製作時的依據參考（老師可蒐集樣品呈現）。教師可直接把各面的文字圖畫裝訂起來（打洞裝訂、繩子裝訂、釘書機裝訂等）即是簡易的手繪書。

㈣討論故事劇情：各組學生自由改編故事內容，增加角色人物（變成十兄弟、七姊妹……等）〔學習單（二）〕。

㈤製作手繪書：團隊合作、角色分工，小組中有人企劃設計、有人打字，有人描繪圖的輪廓，有人做封面、蝴蝶頁、出版頁（圖畫中預留空白處貼上劇情文字）。共同完成後（未著色、未裝訂），複印該組需要的份數，如此小組學生可以拿到合力完成的繪本。最後個人塗上顏色，裝訂成冊。

㈥全班分享各組的成果，彼此欣賞與交流，選出創意組、造型組、文學組、團結合作組……。最後與學生討論在製作過程中所碰到的困難，又是如何克服、如何互助合作來完成，以及此刻的感想等等〔學習單（三）〕。

二、延伸活動

除了製作繪本的方式，教師也可以讓學生以廣播劇、戲劇等不同方式呈現自己的故事，這也能讓學生從活動中學習互助合作，了解互助合作的重要。

參、學生將學會：

學習目標	對應之九年一貫課程能力指標	
一、能夠聆聽故事，發表分享自己的經驗與想法。	語文 B-2-2-3-4	能在聆聽不同媒材時，從中獲取有用的資訊。
	語文 B-2-2-4-5	能在聆聽過程中感受說話者的情緒。
	語文 C-2-1-1-1	在討論問題或交換意見時，能清楚說出自己的意思。
	語文 C-2-2-2-2	能針對問題，提出自己的意見或看法。
	語文 C-2-4-9-1	能抓住重點說話。
二、能製作出手繪書，提升語文與創作能力。	語文 E-2-1-7-2	能掌握要點，並熟習字詞句型
	語文 E-2-3-2-2	能概略理解文法及修辭的技巧
	語文 E-2-3-2-3	能認識基本文體的特色。
	語文 F-2-2-1-1	能掌握詞語的相關知識，寫出語意完整的句子。
	語文 F-2-2-1-2	能應用各種句型，安排段落、組織成篇。
	語文 F-2-10-2-1	能在寫作中，發揮豐富的想像力。
	語文 F-2-10-3-2	能嘗試創作（如童詩、童話等），並欣賞自己的作品。
	藝文 1-3-1	探索各種不同的創作方式，表現創作的想像力。
	藝文 1-3-4	透過集體創作方式，完成與他人合作的藝術作品。
三、從活動中學習互助合作，了解互助合作的重要。	自然 1-3-5-4	願意與同儕相互溝通，共享活動的樂趣。
	自然 1-3-5-5	傾聽別人的報告，並做適當的回應。

肆、小筆記：

伍、學習單：

（一）七兄弟齊協力

　　故事中的七兄弟各有什麼特長與能力呢（請寫下來或畫出來）？他們之間如何互助合作？

兄弟姊妹有什麼特質？曾經有什麼難忘的互助合作經驗？ ⇨

學校同學有什麼特質？曾經有什麼難忘的互助合作經驗？ ⇨

（二）我是小編劇

手繪書名：..

使用材料：..

....

....

封面設計草圖

劇　本：

☀角色和特徵：（必須把所有角色列出來喲！）

　　例如：①猴大哥：不怕火燒。②猴二哥：力氣很大……等。

☀劇情介紹：（也可以把劇本寫在上面喔！）

☀組員名單：

（三）我們都是小畫家和小作家

經過各組分享之後，你最喜歡哪一組的手繪書？為什麼？

在自己的小組製作手繪書的過程中，是否遇到困難？又是怎樣克服的呢？

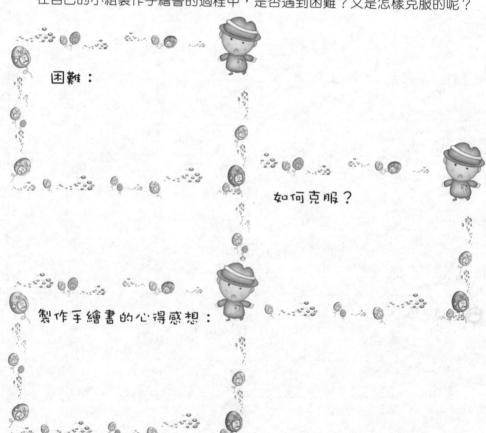

困難：

如何克服？

製作手繪書的心得感想：

陸、評量標準：

評量標準		
編號	工作	評量細目
1	盡情參與故事活動	(1)能仔細聆聽故事內容。 (2)能了解故事內容並說出大意。
2	能完成學習單	(1)能發表聽完《七兄弟》故事的心得。 (2)能寫下七兄弟的特質和互助合作的歷程。 (3)能記錄自己與周遭人物的特質和互助合作的歷程。 (4)能寫出劇本。 (5)能畫出封面草圖。
3	製作手繪書	(1)能和小組共同討論劇情內容。 (2)能平均分配組內工作。 (3)能同心協力完成手繪書的製作。 (4)能運用不同素材製作手繪書。
4	作品分享與交流	(1)票選出各組的優點和獲獎名稱。 (2)發表製作手繪書的心得感想。

柒、相關網站：

網站及網址	網站介紹
圖畫書俱樂部 http://www.picbook.idv.tw/	這個網站內有很多手繪書的展示可供欣賞，還有手繪書的展覽時間與地點，讓有興趣的朋友可以前往參觀。站內的討論區讓所有愛好手繪書的朋友都可以互相交流與分享。

捌、我的表現（評量表）：

我的表現如何？						
	學生自評			老師回饋		
	我真是有夠讚	我的表現還不錯	我還需要再加油	你真是有夠讚	你的表現還不錯	再加油一點會更棒
我能夠						
1 我能專心聆聽故事。						
2 我會發表故事的心得。						
3 我可以盡力做好自己份內的工作。						
我做到了						
1 我會盡力參與角色扮演。						
2 我能寫下聽完故事的心得。						
3 我有參與設計創意的劇本、封面。						
4 我和小組合力製作出手繪書。						
5 我記錄下學習活動的心得感想。						
我學會了						
1 我可以聆聽他人的發言，尊重他人的看法。						
2 我懂得互助合作的重要。						
3 我在團體中會與別人互助合作。						
4 我懂得分享、欣賞自己和他人的作品。						

◎老師想對你說的話：

_____

_____

_____

_____

玖、延伸閱讀：

書名	類別	作者	繪者	出版社	內容介紹
幸福的手工書	工具書	王淑芬	王淑芬	作家	書中內容呈現指導手工書的裝訂、包裝，以及裝飾，是很實用的工具書。
教學生做手工書	工具書	王淑芬	王淑芬	作家	這本書可以提供家長與教師來指導學生如何製作圖畫書，不論暑假作業、單元報告、讀書心得、自製繪本等，都能以手工書的形式呈現。
手工書55招	工具書	王淑芬	王淑芬	作家	從手工書基本結構、如何包裝、如何裝飾到如何運用圖文取材，都有詳細的步驟與圖解說明。

價值觀

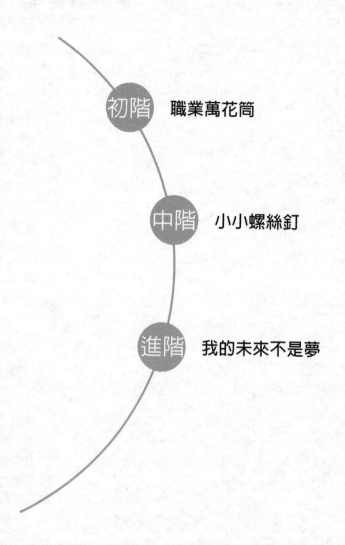

初階　職業萬花筒

中階　小小螺絲釘

進階　我的未來不是夢

【初階】　　　　　　　　　　　　　　　　　　　價值觀

職業萬花筒

陳芷珊、周秉慈

　　人類的生活因為各行各業的存在，顯得多采多姿，更呈現出人與人之間環環相扣的生命體系。所以，在這個學習活動裡，學生透過自己與同儕、老師間的分享，認識生活中常見的職業，並在角色扮演的遊戲中，表達出不同的職業在生活作息上的差異性，並從心得日記中，培養學生寫作方面的語文能力。

壹、在這個活動中，學生將要：

一、透過採訪的方式，調查父母或家中長輩的職業類別及內容簡述，並將訪問內容記錄下來。

二、願意與同學、師長分享彼此的採訪記錄。

三、能勾選出學習單中曾經為自己服務的人。

四、共同合作表演出老師所指定的職業生活短劇。

五、說出自己對各行各業的貢獻及辛勞的看法，寫成心得日記。

貳、教學活動：

一、活動步驟

㈠首先，學生依據學習單（一）的採訪記錄內容，調查父母或家中長輩們所從事的職業類別，及一天大致的工作內容，並將之記錄下來。

㈡學生在課堂中，進行一分鐘採訪報告。

㈢老師從學生的報告中統整出全班家長的職業類別，並補充一些學生尚
　未提到的、但卻是常見或學生早已熟悉的職業活動。

㈣老師引導學生共同討論每個職業生活中的主要活動及作息等，並分辨
　出這些職業生活的異同之處或是彼此的關聯性。

㈤老師進一步提問：

　　1.在班上有哪些人為我們服務？

　　2.在學校有哪些人為我們服務？

　　3.社會中有哪些人為我們服務？

　　4.請舉出住家或學校附近，有哪些商店或機構的工作內容是屬於服務
　　　業？說說自己被服務的內容及經歷。

㈥將學生分為若干組，依據老師所指定的職業生活進行角色扮演，從而
　發展體驗職業生活的經驗。

㈦將自己在角色扮演活動中，所感受的各行各業的貢獻及辛苦，化成文
　字，寫成一篇一百字左右的心得日記。

㈧請學生大聲朗讀、發表自己的作品。

二、延伸活動

　　　可以針對學校所處的社區特色，找出一至二項的職業活動，安排戶
外參觀教學活動，讓小朋友在實際的工作場所中，親身體驗這些職業活
動的內容與甘苦，並且製作一張感謝卡，寫下要對他們說的話。或是可
以利用晨光時間，邀請班上不同職業的學生家長現身說法，增加親師交
流及親子感情。

參、學生將學會：

學習目標	對應之九年一貫課程能力指標	
一、利用採訪的方式，與父母或家長互動，提升表達溝通的能力。	語文 A-1-5-7-2	能應用注音符號，輔助記錄訊息。
	語文 B-2-1-9-4	能主動參與溝通與協調。
二、聆聽他人的報告，並願意與他人分享自己的記錄。	語文 B-1-1-3-3	能養成仔細聆聽的習慣。
	語文 C-2-1-2-3	在看圖或觀察事物後，能以完整語句簡要說明其內容。
三、體會服務業在生活中的重要性，並懂得感謝服務人員的付出。	語文 F-1-4-5-1	能利用卡片寫作，傳達對他人的關心。
四、共同合作討論，並能參與角色扮演活動。	綜合 3-1-2	體會團隊合作的意義，並能關懷團隊的成員。
	生活 4-1-2	運用視覺、聽覺、動覺的藝術創作形式，表達自己的感受和想法。
五、將自己的心得寫成一篇日記，提升寫作能力。	語文 A-1-5-4-1	能應用注音符號，輔助表達自己的經驗和想法（如：寫日記、便條等）。
	語文 F-1-4-10-3	能應用文字來表達自己對日常生活的想法。
六、培養對各行各業的感恩之情。	語文 E-1-3-5-2	能在閱讀過程中，領會作者的想法，進而體會尊重別人的重要。

肆、小筆記：

伍、學習單：

（一）職業萬花筒──調查高手

　　親愛的小朋友，你知道你的家人正在從事什麼工作嗎？趕快拿起你的筆，發揮追根究柢的小記者精神。針對以下三個問題，訪問你的家人，並記錄下來。

◎請問您的工作名稱是什麼？每天的工作內容情形為何？每天工作的時間有多長？（訪問家中二位或三位成員喔！）

稱謂	工作名稱	工作內容簡介	工作時間
爸爸	消防隊員	如果有任何地方發生火災，爸爸會發揮過人的勇氣，協助滅火。	八小時，但必須隨時待命。

◎親愛的（　　　　　），謝謝您接受我的訪問，因為您的辛苦工作，我想對您說：

（請小朋友選擇一位家中成員，表達你對他的感謝或祝福喔！）

※家長回饋欄：請爸爸、媽媽為小寶貝的採訪表現給個燈吧！

評分項目	語言表達	禮貌、態度	自信心	記錄內容
給燈	☺☺☺☺	☺☺☺☺	☺☺☺☺	☺☺☺☺

（二）職業萬花筒
——多采多姿的服務業

下面這些都是日常生活中常為我們服務的人員，你能寫出他們的職業名稱及工作內容嗎？

(1)

職業名稱：_____

工作內容：

_____

(2)

職業名稱：_____

工作內容：

_____

(3)

職業名稱：_____

工作內容：

_____

(4)

職業名稱：_____

工作內容：

_____

(5)

職業名稱：_____

工作內容：

_____

(6)

職業名稱：_____

工作內容：

_____

老師的話	家長的話
給小寶貝的燈　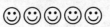	給小寶貝的燈　

（三）職業萬花筒——行行出狀元

一、親愛的小朋友，看完大家的表演後，你是否更加感覺到每一份工作的樂趣與辛苦？請你動動腦，舉例寫下兩項工作既辛苦、勞累，卻又是我們社會上不可缺少的工作吧！

＊職業一：_____　原因：_____

_____

＊職業二：_____　原因：_____

_____

二、請你許個願望，說明自己長大後，希望從事什麼工作？為什麼？並請你拿出色筆，彩繪你未來的工作情形喔！

老師給燈	家長給燈
給小寶貝的燈 ☺☺☺☺☺	給小寶貝的燈 ☺☺☺☺☺

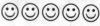

陸、評量標準:

評量標準		
編號	工作	評量細目
1	完成採訪記錄	⑴能向父母或家中長輩詢問從事的職業類別。 ⑵能將調查的內容記錄於採訪記錄單。
2	做一分鐘採訪報告	能以口頭發表的方式進行一分鐘採訪報告。
3	角色扮演	能依據老師指定的職業生活進行角色扮演。
4	完成心得日記	能感受各行各業的貢獻與辛勞,將心得感想寫成一百字左右的心得日記。

柒、相關網站:

網站及網址	網站介紹
中華民國職業查詢系統 http://www2.evta.gov.tw/odict	行政院勞工委員會職業訓練局所設立的網站,提供各項職業名稱、通俗名稱及工作內涵等相關資訊。
文章體裁的研究與教學 http://content.edu.tw/junior/chinese/ks_wg/chinese/content/paper/paper08.htm	本網站由高雄縣立五甲國中國文科教學研究會所設立,內容在探討四種文章體裁的書寫重點。

捌、我的表現（評量表）：

我的表現如何？	學生自評			老師回饋		
	我真是有夠讚	我的表現還不錯	我還需要再加油	你真是有夠讚	你的表現還不錯	再加油一點會更棒
我能夠						
1 我能從此次採訪中，知道家中成員的工作性質與內容。						
2 我能將採訪內容，利用學習過的國字記錄下來。						
3 我能與同伴共同討論職業的角色扮演活動。						
4 我能專心聆聽老師或同學的報告。						
5 我能表達出自己對未來職業生活的期望。						
我做到了						
1 我會根據學習單的問題，採訪家中成員的職業。						
2 我會將採訪的內容確實記錄在學習單上。						
3 我會在課堂上發表一分鐘採訪報告。						
4 我會利用日記寫作，來表達自己對各行業貢獻的心得。						
我學會了						
1 我認識每個職業生活的主要活動和作息時間。						
2 我會分辨各行各業的工作生活差異。						
3 我學會了職業活動對社會生活的價值與意義。						
4 我學會了日記書寫的正確格式。						

◎老師想對你說的話：

_____

玖、延伸閱讀：

書名	類別	作者	繪者	出版社	內容介紹
恰佩克——郵差的故事	繪本	恰佩克	亞莎莉卡娜	台灣麥克	老郵差老柯一晚意外的發現夜晚的郵局有小精靈，這些小精靈們可以摸出信的熱度，溫度越高表示用心越多，他們也可以透視信的內容。有一天，老柯發現了一封熱騰騰卻沒有地址也沒貼郵票的信，而這封信竟然是封求婚信，於是老柯踏上了旅途，在一年又一天之後為這對男女送來了幸福。
大狗醫生	繪本	巴貝柯爾	巴貝柯爾	格林	甘家一家人的醫生是他們家的大狗，有一天狗醫生去巴西開會時，甘家很多人都生病了，他們發了電報請狗醫生回來，狗醫生回來後，發現甘大哥菸抽太多而咳嗽、甘小妹受風寒、甘小弟長頭蝨、甘寶寶肚子裡長寄生蟲、甘大姊內耳不平衡、甘爺爺肚子脹氣。檢查完後，大狗醫生花了許多時間照顧不愛惜健康的甘家一家人，最後自己卻病倒了。
爺爺的花種子	繪本	Jang-Sung Kim	Soo-Chung Park	啟思教育	小熊波波收到了爺爺送的花種子，使用了許多方法，卻始終不開花，爺爺的來信，讓他了解到，把花種子種在土裡，要常常澆水，常常關心，才會開出美麗的花兒。
鱷魚怕怕牙醫怕怕	繪本	五味太郎	五味太郎	上誼	五味太郎以詼諧的對比文字，在本書中幽默的刻畫出病人和牙醫對立的矛盾心理──病人牙痛，卻不得不去看醫生；醫生怕被恐怖的病人咬到手，卻又不得不幫忙看病。因此，最好的解決方法，就是提醒大家要記得刷牙。
瞬間收藏家	繪本	布赫茲	布赫茲	格林	一個愛拉小提琴的男孩對住在隔壁的畫家深感好奇。畫家自稱「瞬間收藏家」。儘管他們是好朋友，但畫家不讓男孩看到自己在畫什麼。有一天，畫家外出旅行時竟把畫室鑰匙交給男孩，男孩打開大門後，看到了為他一人專辦的畫展，每幅畫在他眼中都訴說著一段故事、一個旅程，但是那只有看畫的人才能體會。
爵士樂之王：路易斯阿姆斯壯	繪本	殷麗君	佛朗索瓦	格林	這本書在台灣作家殷麗君筆下，描述出阿姆斯壯的一生，加上法國畫家佛朗索瓦以真實的描繪與濃郁的色彩，展示出「爵士樂之王」阿姆斯壯的神貌。書中充滿了濃郁的美國風情。

書名	類別	作者	繪者	出版社	內容介紹
你想當總統嗎？	繪本	茱迪聖喬琪	大衛司摩	格林	各式各樣的人都可以當總統：有的是將軍，有的是演員；有的長得帥，有的長得不怎麼樣。作者和我們分享許多關於美國總統「幕後」真實、尖銳的評論，以及逗人發笑的軼聞趣事，這些已經成為美國白宮不可或缺的一部分。
莎麗要去演馬戲	繪本	梅布絲	布赫茲	格林	莎麗一直夢想能夠加入馬戲團，有一天，鎮上來了個馬戲團，她能成為馬戲團的團員嗎？德國超現實大師布赫茲，以細膩溫和的手法，為孩子編織美麗夢想。

【中階】　　　　　　　　　　　　　　　　　　　　價值觀

小小螺絲釘

蔡佳珍、黃韻如

> 「職業不分貴賤」、「行行出狀元」，每一種行業都有不同的特點，社會要進步，就必須仰賴各行各業的合作。本單元讓學生思考：假若社會上缺少了某一行業，會對我們的生活造成什麼影響；同時也讓學生更能肯定自己、欣賞別人，讓每個螺絲釘都能善盡自己的職責，使我們的社會更美好。

壹、在這個活動中，學生將要：

一、聽故事，並說出故事中自己覺得最有感覺的話。

二、模仿《培培點燈》中的句子，照樣造句。

三、共同討論，當社會上缺少某一種行業後，會發生什麼狀況。

四、發揮想像力，進行語詞聯想接龍。

五、為各行各業的工作者著色，並用五個形容詞寫出一篇短文描述該行業。上台發表自己的作品。

貳、教學活動：

一、活動步驟

㈠老師利用教材提示機呈現《培培點燈》（文：艾莉莎・巴托尼，出版社：三之三）的故事後，讓學生說出故事裡自己覺得最感動的部分，以及為什麼覺得感動。最後，學生都能體會到，雖然是不起眼的工作，但仍有其重要性。

㈢老師選取書中的句子，讓學生練習照樣造句，並於課後讓學生完成學習單（可視需要自行選擇內容）。

㈢將行業名稱卡（可視學生的程度，決定一次要擺多少張）貼在黑板上，隨意拿走一張行業卡，讓學生討論並發表若少了該行業，將會對我們的生活造成何種影響（學生若說不完整時，老師要加以補充說明），進而讓學生體認到，一個社會需要各行各業的分工合作，而且是缺一不可的。

㈣在說完一種行業的重要性之後，讓學生發揮想像力，練習與該行業有關的語詞聯想接龍（例如：護士—針筒—疼痛—打滾—骯髒……等，行業的類別可參照學習單，或由教學者自行補充）。

㈤最後，讓學生選定自己想介紹的行業（最少一個），為這個行業選一個顏色，並用五個形容詞寫出一篇短文說明這個行業。寫完之後，讓學生上台發表內容，並讓其他人給予回饋。

二、延伸活動

㈠請學生找尋和行業相關的詩歌，上台朗誦，並讓全班票選最喜歡的一首詩歌。

㈡讓學生撰寫詩歌敘述某種行業，並讓同學猜猜看是什麼行業。

參、學生將學會：

學習目標	對應之九年一貫課程能力指標	
一、積極聆聽故事，並體會故事情節，說出心中感受。	語文 E-1-7-7-3	能從閱讀的材料中，培養分析歸納的能力。
	語文 E-1-7-5-2	能理解在閱讀過程中所觀察到的訊息。
二、模仿書中的句子，照樣造句。	語文 F-2-2-1-1	能掌握詞語的相關知識，寫出語意完整的句子。
	語文 C-1-1-3-8	能清楚說出自己的意思。
三、能體認各行各業的重要性。	語文 C-1-4-7-1	發言不偏離主題。
	語文 C-2-2-2-2	能針對問題，提出自己的意見或看法。
四、運用想像力做行業語詞聯想接龍。	語文 C-1-4-9-3	能依主題表達意見。
	語文 B-1-2-10-7	能邊聆聽，邊思考。
五、了解各行各業的特性，並用短文介紹某一行業。	語文 C-1-1-7-11	能用完整的句子，說出想要完成的事。
	語文 F-1-1-4-3	能互相觀摩作品，分享寫作的樂趣。

（本教學活動目標適用於語文領域第一階段能力指標）

肆、小筆記：

伍、學習單：

（一）依樣畫

一、在讀了《培培點燈》的故事後，你心中有什麼感覺呢？請寫下書中讓你覺得
感動的話。

二、請模仿下列的句子，照樣造句。

我會掃地，也會鋪上新的木屑。

只有爸爸靜靜的坐著，他的臉鐵青得像塊石頭。

這盞燈是為安雅點的，希望她在學校把英文學好……。

他偷偷的躲在棉被裡哭到睡著。

每點一盞燈，就對著小小的火光許下一個未來的願望。

（二）想像起飛

請依照下面所給的職業名稱，發揮你的想像力做語詞聯想接龍，例如：護士—針筒—疼痛—打滾—骯髒……。

（三）快樂小作家

　　請選定一種顏色，替你想介紹的行業工作者著色，同時也使用五個形容詞，為這個行業寫出一篇短文。

一、我會用＿＿＿＿＿＿＿色，為＿＿＿＿＿＿＿的工作者著色。因為：

＿＿＿＿＿＿＿＿＿＿＿＿＿＿＿＿＿＿＿＿＿＿＿＿＿＿＿＿＿＿＿

二、我想用以下五個形容詞來形容＿＿＿＿＿＿業。

三、我會用上面的形容詞寫一篇短文，來描述＿＿＿＿＿＿業。

陸、評量標準：

評量標準		
編號	工作	評量細目
1	專心聆聽	能注意聽老師說故事。
2	表達感受	能了解故事內容，說出心中的感受。
3	照樣造句	能依照老師所給的句型，仿寫句子。
4	找卡片	能說出被取走卡片的名稱。
5	認同每個行業	能說出當社會上少了某種行業後，會對生活造成的影響，並了解到每個行業都很重要。
6	發揮想像力	會運用想像力，做語詞聯想。
7	寫短文	會組織五個形容詞，寫成一篇介紹某一行業的短文。
8	賞析短文	會對同學發表的短文提出建議、讚美或鼓勵。

柒、相關網站：

網站及網址	網站介紹
文建會兒童文化館 http://www.cca.gov.tw/children	文建會兒童文化館每個月推出精采的童書動畫，透過動畫認識童書繪本，並提供網路圖書館查詢國內外重要得獎童書書目，深入了解童書繪本。
貓頭鷹圖書館 http://www.owllibrary.org.tw	專為童書繪本所設立的網路圖書館，從這裡可以找到繪本的簡介，讓讀者在閱讀繪本前，得以了解該繪本的作者、繪者與簡介。
中華民國醫師公會全國聯合會 http://www.med-assn.org.tw/	這是一個專門為醫師所設立的網站，從網站中可找到各科專門醫師的簡介、修習課程，及甄選簡章。
台灣省建築師公會 http://www.taa.org.tw/	從台灣省建築師公會可以認識到，建築師在專門領域上所做的工作內容，包括建築師設計的作品。

捌、我的表現（評量表）：

我的表現如何？	學生自評			老師回饋		
	我真是有夠讚	我的表現還不錯	我還需要再加油	你真是有夠讚	你的表現還不錯	再加油一點會更棒
我能夠						
1 我能專心聽老師說故事。						
2 我能說出心中的感受。						
3 我能安靜的聽同學發表意見。						
4 我能發揮想像力做語詞聯想。						
5 我能寫一篇短文介紹一種行業。						
6 我能欣賞同學的作品。						
我做到了						
1 我可以與他人分享心中的想法。						
2 我可以找出被取走的行業卡。						
3 我可以和同學互相討論。						
4 我可以對同學的作品給予評論。						
我學會了						
1 我學會了仿寫句子。						
2 我學會了寫一篇短文。						
3 我學會了各行各業的重要性。						
4 我學會了尊重各行各業的人。						

◎老師想對你說的話：

- -

- -

- -

玖、延伸閱讀：

書名	類別	作者	繪者	出版社	內容介紹
老鼠阿修的夢	繪本	李歐・李奧尼	李歐・李奧尼	上誼	老鼠阿修的爸媽對他的期望很高，但是阿修在參觀了美術館之後，決定要當一個畫家，於是他努力工作，成了世界有名的畫家。
鱷魚怕怕牙醫怕怕	繪本	五味太郎	五味太郎	上誼	五味太郎以詼諧的對比文字，在本書中幽默的刻畫出病人和牙醫對立的矛盾心理──病人牙痛，卻不得不去看醫生；醫生怕被恐怖的病人咬到手，卻又不得不幫忙看病。因此，最好的解決方法，就是提醒大家要記得刷牙。
大狗醫生	繪本	巴貝柯爾	巴貝柯爾	三之三	甘家一家人的醫生是他們家的大狗，有一天狗醫生去巴西開會時，甘家很多人都生病了，他們發了電報請狗醫生回來，狗醫生回來後，發現甘大哥菸抽太多而咳嗽、甘小妹受風寒、甘小弟長頭蝨、甘寶寶肚子裡長寄生蟲、甘大姊內耳不平衡、甘爺爺肚子脹氣。檢查完後，大狗醫生發現自己身體不舒服，他決定外出渡假順便休養。
巴警官與狗利亞	繪本	佩姬・拉曼	佩姬・拉曼	格林	拿坡里鎮的巴警官比任何人都了解安全守則，但是每當他發表安全守則時，卻沒有人要聽。直到有一天拿坡里警局買了一條名叫狗利亞的犬。巴警官不知道狗利亞有一種示範安全守則的表演能力。突然間，每個人變得喜歡聽巴警官的演講。
畢老師的蘋果	繪本	瑪丹娜	羅倫	格林	畢老師是一個棒球教練。有一天，一個男孩看到老師在水果攤拿了一個蘋果，而且沒付錢就走了。後來這件事傳開了，經過老師的證實，發現是一場誤會。但是已經散出去的謠言是很難收回來的。
聰明的小裁縫	童話	格林兄弟		國際少年村	故事描述一位驕傲的公主，她公開宣布，誰猜中了她出的謎語，她就和誰結婚。有一天，有三個裁縫結伴而來，兩個大裁縫想，他們一針一針都縫得那麼準，這次他們也一定會成功。第三個裁縫是個不中用的小冒失鬼，可是他還以為自己會交上好運，卻不知道這樣的機會，他再也碰不上了呀！

【進階】　　　　　　　　　　　　　　　　　　價值觀

我的未來不是夢

蔡佳珍

> 　　「人生有夢，築夢踏實。」人生因為擁有夢想而顯得多采多姿。每個人的心中都有自己的理想或要達成的志向，只要我們肯耕耘，就有機會實現自己的願望。藉由本單元的活動讓學生思考：自己未來想從事的行業、人格特質及才能的關係，並能認同各行業間的差異性，培養正確的職業觀念和工作態度。

壹、在這個活動中，學生將要：

一、分組選定一種行業，蒐集該行業的相關資料，並做成書面報告（行業不要重複）。

二、各組輪流上台分享欲介紹行業的相關內容。

三、小組利用合作方式，畫出老師指定的組別行業的圖像。

四、寫下自己未來的行業選擇，並要做何種努力才能達成夢想。

五、閱讀與各行業傑出代表者的書籍。

貳、教學活動：

一、活動步驟

㈠老師說完《千人糕》（文：馬景賢，出版社：理科）的故事後，讓全班學生分組，請小組從故事中找出千人糕包含哪些職業，各組輪流寫

在黑板上；並從這些行業找出自己組別有興趣報告的，亦可以選擇故事中未提到的行業；若有相同的行業則請老師進行協調，讓報告的行業不要重複。

（二）給予各組要報告的行業之書面報告單，並分配各組員的工作（每個人都要有負責的部分）。報告內容包含：該行業的工作內容、需具備的人格特質與才能、傑出人物代表（給學生一週時間蒐集、整理資料）。

（三）各組整理好蒐集的資料後，派代表上台報告自己組別負責的行業。未輪到的組別要記下聽到的重點，在大家都報告完後，以互助合作的方式，在對開的海報上畫出足以代表該行業的圖像。在各組完成職業圖像後，上台展示並說明其圖像內容所代表的意義。

（四）發給學生職業選擇調查表，讓學生寫下自己未來的職業志願，並擬定實現這個志願的計畫，以及在過程中遇到挫折時，會以何種方式來處理。最後，將這些調查表張貼在教室中，讓其他同學參考。

（五）在看過同學的職業調查表後，給予同學回饋。

二、延伸活動

讓各組選定一本某行業傑出代表者的書籍，在閱讀後，將這本書以戲劇的方式呈現給同學欣賞，並請大家寫下觀賞心得。

參、學生將學會：

學習目標	對應之九年一貫課程能力指標	
一、專心聆聽故事，並回答問題。	語文 B-2-2-3-3	能發展仔細聆聽與歸納要點的能力。
	語文 C-2-2-2-2	能針對問題，提出自己的意見或看法。
二、和同學合作完成作品。	語文 C-2-4-10-4	能與人討論問題，提出解決問題的方法。
	語文 E-2-8-5-1	能討論閱讀的內容，分享閱讀的心得。
三、了解職業與人格特質及才能的關係，並能充分表達意見。	語文 C-2-1-1-1	在討論問題或交換意見時，能清楚說出自己的意思。
	語文 C-2-2-8-6	能具體詳細的講述一件事情。
四、以圖像表達心中的想法。	語文 C-2-1-2-3	在看圖或觀察事物後，能以完整語句簡要說明其內容。
	藝文 1-3-2	構思表現的主題與內容，選擇適當的媒材技法，完成有感情、經驗與思想的作品。
	語文 C-2-2-2-2	能針對問題，提出自己的意見或看法。
五、達成自己未來職業選擇的方法。	綜合 2-3-3	規畫改善自己的生活所需要的策略和行動。
	語文 F-2-2-1-1	能掌握詞語的相關知識，寫出語意完整的句子。

肆、小筆記：

伍、書面報告單：

小記者

第_____組 組員：_____

一、主題：_____

二、關於這個行業：

起源：

_____

_____

_____

發展：

_____

_____

_____

_____

工作內容：

需具備的人格特質與才能：

傑出人物代表：

陸、學習單：

（一）我的未來不是夢

一、我在未來想從事的行業是：＿＿＿＿＿＿＿＿＿＿＿＿＿＿＿

二、我想從事這個行業的理由是：＿＿＿＿＿＿＿＿＿＿＿＿＿

＿＿＿＿＿＿＿＿＿＿＿＿＿＿＿＿＿＿＿＿＿＿＿＿＿＿＿

三、我實現這個願望的計畫是：＿＿＿＿＿＿＿＿＿＿＿＿＿＿

＿＿＿＿＿＿＿＿＿＿＿＿＿＿＿＿＿＿＿＿＿＿＿＿＿＿＿

＿＿＿＿＿＿＿＿＿＿＿＿＿＿＿＿＿＿＿＿＿＿＿＿＿＿＿

＿＿＿＿＿＿＿＿＿＿＿＿＿＿＿＿＿＿＿＿＿＿＿＿＿＿＿

＿＿＿＿＿＿＿＿＿＿＿＿＿＿＿＿＿＿＿＿＿＿＿＿＿＿＿

＿＿＿＿＿＿＿＿＿＿＿＿＿＿＿＿＿＿＿＿＿＿＿＿＿＿＿

四、當我在實行時，遇到困難我會這麼處理（可選擇
堅持下去，或改變選擇，請說明作法與理由）：

＿＿＿＿＿＿＿＿＿＿＿＿＿＿＿＿＿＿＿＿＿＿＿＿＿＿＿

＿＿＿＿＿＿＿＿＿＿＿＿＿＿＿＿＿＿＿＿＿＿＿＿＿＿＿

＿＿＿＿＿＿＿＿＿＿＿＿＿＿＿＿＿＿＿＿＿＿＿＿＿＿＿

（二）我想說……

　　看了同學的職業意願調查表後，把你的想法寫下來告訴他，寫完之後可以將小卡剪下送給對方。

我是 ＿＿＿＿＿＿

我是 ＿＿＿＿＿＿

我是 ＿＿＿＿＿＿

我是 ＿＿＿＿＿＿

我是 ＿＿＿＿＿＿

我是 ＿＿＿＿＿＿

柒、評量標準：

	評量標準	
編號	工作	評量細目
1	參與討論	能和同學一起討論問題，並提供意見。
2	選定主題	和組員討論，選擇一個要報告的行業。
3	分工合作	能適當分配工作，接受他人意見，並做好自己的工作。
4	蒐集資料	會利用各種管道蒐集資料，並查出和要報告行業有用的相關知識。
5	彙整資料	將蒐集來的資料做分類整理，完成書面報告單。
6	專心聆聽	認真聽別組同學的報告，並隨時記下重點。
7	繪製職業圖像	能將別組報告的職業內容，和組員一起合作轉換成職業圖像。
8	完成職業調查表	決定自己未來的職業選擇，並說明自己在未來要如何實現這個選擇。
9	賞析作品	觀賞同學的作品後，能給予同學的作品回饋，分享自己的想法。

捌、相關網站：

網站及網址	網站介紹
文建會兒童文化館 http://www.cca.gov.tw/children	文建會兒童文化館每個月推出精采的童書動畫，透過動畫認識童書繪本，並提供網路圖書館查詢國內外重要得獎童書書目，深入了解童書繪本。
各行各業祖師爺的傳說 http://www.mdnkids.com.tw/job/job114.shtml	本網站利用生動有趣的漫畫方式來介紹許多有關各行各業的傳說，包括廚師、醫生、理髮業、酒席業、農業、鞋業……等。

玖、我的表現（評量表）：

我的表現如何？						
	學生自評			老師回饋		
	我真是有夠讚	我的表現還不錯	我還需要再加油	你真是有夠讚	你的表現還不錯	再加油一點會更棒
我能夠						
1 我能專心聆聽老師說故事。						
2 我能和同學一起討論故事的內容。						
3 我能和同學分工合作。						
4 我能蒐集負責主題的資料。						
5 我能有條理的說出自己的想法。						
6 我能接納他人的意見。						
我做到了						
1 我可以記錄同學報告的重點。						
2 我可以和組員完成職業圖像的繪製。						
3 我可以為實現未來的志向做規畫。						
4 我可以給予同學的作品適當的回饋。						
我學會了						
1 我學會將資料做有系統的組織。						
2 我學會將文字轉換成圖像。						
3 我知道各行各業工作者需具備的特質。						
4 我知道面對問題的正向態度。						

◎老師想對你說的話：

拾、延伸閱讀：

書名	類別	作者	繪者	出版社	內容介紹
小時候、大時候	繪本	王金選	王金選	教育部兒童讀物出版資金管理委員會	小坤和爸爸一起去參加同學會，每個人都對目前所從事的工作做自我介紹，他們的工作大都與自己小時候的興趣有關。此書可作為引導學生小時候的興趣與長大後的職業相結合。
愛因斯坦——宇宙的鑰匙	繪本	李廉步	朱里安諾	格林	愛因斯坦是一位天才型的科學家，曾發表「相對論」。他一生追求科學中不變的真理，卻在生活上遭遇詭譎多變的波折。本書從「相對論」的觀點出發，剖析愛因斯坦的想法和內心世界，希望幫助孩子們了解天才的思想和面對困境時的勇氣！
生死之謎	繪本	馬克吐溫	梅露思	格林	幾個窮畫家十分有才氣，但生活上卻無法求得溫飽，經過討論，他們認為畫家經常死後才出名。於是他們決定必須有一人裝死，果然米勒的作品在死後賣到好價錢，而這些畫家也都得到溫飽。
哈拉女獸醫	小說	蘿拉·帕斯登		皇冠	此書是介紹一位女獸醫與動物（貓、狗、浣熊、臭鼬和蛇）的一些爆笑事。閱讀此書可以感受到一般人對待動物的濃郁溫情，也可以從體貼的「養狗小百科」學到實用的愛狗之道。
她的職業是護士	叢書	林月鳳		華杏	守護病人的天使是護士，從這本書可以了解護士從專業的訓練、實習到正式的護理工作，以及護理工作與病人、醫生的息息相關。
速食大王：麥當勞叔叔的故事	傳記	管家琪		文經社	看到麥當勞叔叔的笑容會感到無比的親切，麥當勞速食強調服務的效率與顧客至上，了解小朋友的興趣與感受，吸引小朋友來到麥當勞歡樂的世界。
華德·迪士尼的少年時光	傳記	管家琪		文經社	華德·迪士尼從一個貧苦的環境，努力向上創造出全世界矚目的童話王國，創立過程備感艱辛，卻靠著無比的毅力完成他的夢想，讓全世界的小朋友在童話的世界裡，尋找童年的夢想與歡樂。

書名	類別	作者	繪者	出版社	內容介紹
比爾·蓋茲的少年時光	兒童文學	管家琪		文經社	當今美國首富比爾·蓋茲從小就是一個表現突出且總是令師長頭痛不已的小孩。書中即描述了小比爾的許多故事，從中我們也可發現比爾·蓋茲之所以成為比爾·蓋茲的原因。
總裁獅子心	叢書	嚴長壽		平安	本書是描述嚴長壽先生個人成功的經驗與祕訣分享，書中記錄了他如何從美國運通公司的一個傳達小弟，到後來成為亞都飯店總裁的經歷。

四海一家

初階　繞著地球跑

中階　我們一起慶祝節日

進階　出去走走

　　　——知性之旅

【初階】

四海一家

繞著地球跑

吳美玲

　　對孩子來說，世界其他國家是既熟悉又陌生的；因為街道上可看見來自不同國家或地區的商店景觀，販賣著各式各樣琳瑯滿目的商品或美食。但是，孩子對於這些國家或地區的概念卻是模糊的，因此在這個活動中，學生們扮演「繞著地球跑」的探險家，分組蒐集各國的相關資料進行有關國家的研究，進而讓他們體會到全球化的生活趨勢，並養成關懷與珍惜地球的情操。

壹、在這個活動中，學生將要：

一、選擇一個國家當研究主題。

二、製作數張有關國家的國旗、風景名勝、美食……的圖卡。

三、將所完成的圖卡內容向大家報告。

四、將所完成的圖卡貼在世界地圖上，然後展示在教室或走廊上。

貳、教學活動：

一、活動步驟

（一）在黑板上展示世界地圖，教師導讀繪本《環遊世界做蘋果派》（文、圖：瑪尤莉‧普萊斯曼，出版社：台灣麥克），並在地圖上指出書所提到的國家。

（二）分組競賽：

　　1.各組學生找出身邊所有物品（例如：手錶、原子筆、衣服），看看

它們是來自哪些地區或國家？（分組完成學習單）

2.你曾經在街上看過或吃過哪些美食（例如：漢堡、薯條、披薩、咖哩飯）？它們是來自哪些地區或國家？（分組完成學習單）

㈢向學生說明活動的內容與目的：藉著研究世界主要的城市或各地的物產、美食、名勝，進而對地球村的人事物有更進一步的了解。教師示範如何利用這樣的問題找出有趣的資料〔例如：學習單（一）〕。

㈣決定學生要製作的圖卡數目，發下卡片，卡片正面以圖畫或剪貼圖案呈現，卡片背面以文字說明解釋。

㈤給予學生充分的時間以及參考書籍或資料，查詢與研究國家有關的事物。

㈥安排時間帶領學生到圖書館，引導協助他們查詢資料，可將相關書籍借出或影印所需資料帶回教室；成立一個「資料加油站」供學生隨時參考。

㈦學生將蒐集到的資料加以整理，再仔細的記錄到卡片上，教師隨時提供協助。

㈧學生將完成的卡片交給教師檢閱再發回，並鼓勵學生報告自己的研究成果與全班分享。

㈨在與全體分享之後才將卡片浮貼在大地圖上，將完成的作品展示，供大家欣賞。

二、延伸活動

㈠教師與學生共同製作類似大富翁遊戲的地圖，而將學生製作的卡片當成題目，進行大富翁的遊戲。

㈡教師展示大型地球儀。利用學生製作的卡片當成題目，若學生回答正確，則可在地球儀上插上代表自己的小旗子（小旗子可用現成的圖案貼紙來代表學生本人，黏在牙籤上，再用紙黏土將小旗子固定在地球儀上）。

參、學生將學會：

學習目標	對應之九年一貫課程能力指標	
一、能仔細閱讀在圖書館或利用其他方法所找出的資料。	語文 E-1-3-1-1	能培養閱讀的興趣，並培養良好的習慣和態度。
	語文 E-1-4-1-1	能喜愛閱讀課外（注音）讀物，進而主動擴展閱讀視野。
	語文 E-1-5-2-1	能了解圖書室的設施、使用途徑和功能，並能充分利用，以激發閱讀興趣。
二、能用心的製作卡片，向全班報告發表，與大家分享。	語文 F-1-1-1-1	能學習觀察簡單的圖畫和事物，並練習寫成一段文字。
	語文 B-1-2-7-4 藝文 1-1-2	能有條理的掌握聆聽到的內容運用視覺、聽覺、動覺的藝術創作形式，表達自己的感受和想法。
	生活 4-1-1	嘗試各種媒體，喚起豐富的想像力，以從事視覺、聽覺、動覺的藝術活動，感受創作的喜樂與滿足。
三、對世界各國的地理位置及其他文化特色，有更明確的了解與尊重。	語文 C-1-1-4-9 生活 3-1-3	能清楚覆述所聽到的事物。察覺並尊重不同文化間的歧異性。

肆、小筆記：

伍、學習單：

（一）舶來品博覽會

請你當一名調查員，查出自己或同學身邊的物品是來自哪些國家或地區。

物品名稱	產　　地	所有人	用途（或特色）

（二）美食嘉年華

　　你吃過漢堡、咖哩飯、披薩……等外國美食嗎？請你當個美食專家替這些美食評分吧！（請以畫蘋果來當分數，蘋果越多表示越好吃，最多五顆。）

食物名稱	主要材料	國家	得分

上面表格中你最喜歡吃的是哪一項美食？＿＿＿＿＿＿＿＿

因為：＿＿＿＿＿＿＿＿＿＿＿＿＿＿＿＿＿＿＿＿＿＿＿＿

＿＿＿＿＿＿＿＿＿＿＿＿＿＿＿＿＿＿＿＿＿＿＿＿＿＿＿＿

你可以用哪些詞句形容它的美味？

＿＿＿＿＿＿＿＿＿＿＿＿＿＿＿＿＿＿＿＿＿＿＿＿＿＿＿＿

＿＿＿＿＿＿＿＿＿＿＿＿＿＿＿＿＿＿＿＿＿＿＿＿＿＿＿＿

（三）地球之窗

小朋友，請你將所查到的資料記錄到卡片背面，並且在卡片正面畫上圖畫或將所蒐集的圖案剪下貼上。

例如：卡片正面　　　　　　　　卡片背面

國家（中　國）　主題（食　）	說　　　明
□圖畫　　□剪貼 	中國因為盛產稻米，所以大多數人是以米飯為主食。

國家（　　）　主題（　　）	國家（　　）　主題（　　）
□圖畫　　□剪貼	□圖畫　　□剪貼

國家（　　）　主題（　　）	國家（　　）　主題（　　）
□圖畫　　□剪貼	□圖畫　　□剪貼

陸、評量標準：

評量標準		
編號	工作	評量細目
1	選擇主題	主動查詢，利用資料找出與研究的國家相關的題目。
2	記錄資料	在卡片上仔細用心記錄與主題相關的資料。
3	完成卡片	能用心作畫，將卡片加以美化。
4	報告	能清楚的敘述解釋卡片內容，並專心聆聽他人報告。
5	分享回饋	對他人的報告給予回應。
6	將卡片貼在地圖上	在地圖上找到所研究國家的位置將卡片浮貼在地圖上。

柒、相關網站：

網站及網址	網站介紹
台灣國旗網 http://www.flags.idv.tw	內容有世界各國的國家簡介、國旗、國徽、國花……等，資料豐富而完整。
博克來網路書店 http://www.book.com.tw/	提供各類書籍、音樂 CD、雜誌之搜尋及銷售。
MOOK 自由自在旅遊網全球景點 http://www.travel.mook.com.tw/globl/Europe/	介紹全球五大洲的國家，詳述其重要的民俗活動、風景名勝、古蹟……等。
世界節慶 http://udn.com/SPECIAL_ISSUE/TRAVEL/UDNTRAVEL/menu/ho-index.shtml	國家總覽：日本、韓國、菲律賓、印尼、泰國、以色列、挪威、丹麥、瑞典、芬蘭、匈牙利、南斯拉夫、荷蘭、俄羅斯、法國、德國、英國、義大利、美國、加拿大、墨西哥、多明尼加、牙買加、薩爾瓦多、瓜地馬拉。

捌、我的表現（評量表）：

我的表現如何？	學生自評			老師回饋		
	我真是有夠讚	我的表現還不錯	我還需要再加油	你真是有夠讚	你的表現還不錯	再加油一點會更棒
我能夠						
1 我能按照老師指示進行活動。						
2 我能在書上或參考資料找到我要的資料。						
3 我用心寫作。						
4 我用心畫圖。						
5 我將蒐集的資料正確寫在或貼在卡片上。						
我做到了						
1 我完成了卡片的內容。						
2 我向全班介紹我的卡片內容。						
3 我可以在世界地圖上指出研究國家的位置。						
4 我能給予他人回饋。						
我學會了						
1 我知道如何查詢有關的資料。						
2 我發現與研究國家有關的趣事。						
3 我學到口頭報告的經驗。						

◎老師想對你說的話：

玖、延伸閱讀：

書名	類別	作者	繪者	出版社	內容介紹
巴警官與狗利亞	繪本	佩姬・拉曼	佩姬・拉曼	格林	拿坡里鎮的巴警官每次發表安全守則時都沒有人要聽，雖然他比任何人都了解安全守則。有一天，拿坡里警局買了一條名叫狗利亞的犬。突然間，每個人變得喜歡聽巴警官的演講。原來狗利亞有一種示範安全守則的表演能力，然而巴警官卻不知道，還以為是自己的演講受到肯定呢！
西非荒漠上的台灣奇蹟	繪本	國際合作發展基金會	義大利Ink Link 工作室	格林	此書中、英雙語及中、法文雙語彩色繪本，內容細數我國與布吉納法索合作四十年的點點滴滴，同時見證我國技術團隊在非洲布吉納法索創造出的「綠色奇蹟」，並分享他們的汗水結成纍纍果實。
少年桑奇之愛	小說	阿莫思・歐茲	克文特・布赫茲	星月書房	本書是以色列知名的作家阿莫思・歐茲的第一本少年小說。書中描寫的是一個十一歲少年短短的一天，但卻巧妙的塑造了以色列當時人民生活的縮影。生長在台灣的讀者，可以藉由此書更了解耶路撒冷的背景和文化。
義大利麵與肉丸子	繪本	瑪瑞琳・伯恩斯	黛比・提莉	遠流出版	康福特先生煮了拿手菜——義大利麵和肉丸子。此時康福特太太搬出8張桌子和32張椅子，安排座位。
鐘樓怪人	繪本	雨果	厄迪亞斯	台灣麥克	以十五世紀的巴黎為背景，主角包括：一臉正經的神父克羅德，實際上具有醜陋的人性；加西莫多外表醜陋，卻擁有純真善良的天性；美麗的吉普賽少女愛斯美拉達，先被誣為女巫定罪，後死於克羅德神父手中。
環遊世界八十天	繪本	凡爾納	杜邁	台灣麥克	以十九世紀英國為背景，主角弗格與朋友打賭八十天內環遊世界，於是他和僕人趕著搭船、搭火車、甚至騎大象等精采冒險的歷程，讓讀者彷彿身歷其境的一起環遊世界。
小尚的巴黎	繪本	薇若妮卡・衛樂曼	琳妮・法蘭森	遠流	小尚住在法國的巴黎，有一天和媽媽逛街時，不小心和媽媽失散了。小小年紀的他不由得傷心得哭了起來。一隻好心的鴿子飛過來，幫忙他找回家的路。小尚乘著鴿子專機，在巴黎的天空裡自在遨遊。聖心堂、聖母院、艾菲爾鐵塔……順便也帶領讀者看遍巴黎聞名全球的風景。

書名	類別	作者	繪者	出版社	內容介紹
你們不能帶氣球進大都會博物館	繪本	賈桂琳·威茲蔓	羅蘋·葛拉瑟	台灣麥克	一個小女孩帶著氣球想要進去博物館參觀，卻被警衛拿走，說是暫時幫她保管。結果氣球飛走了，可憐的警衛先生為了追回氣球而發生一連串的趣事。

【中階】　　　　　　　　　　　　　　　　　　四海一家

我們一起慶祝節日

吳美玲

> 　　在我們的記憶中，最閃耀懷念的往往是各種宴會、節日、慶典……等活動，雖然慶祝的內容可能不一樣，但是人們總是期待這些活動的到來。因為屆時親朋好友歡聚一堂，大家共同為活動準備傳統美食、布置場地、挑選禮物……等，所以慶祝時興奮的心情，總是瀰漫在空氣中。
> 　　藉由這個活動，學生將探索、了解其他國家的節日、節日的由來，以及慶祝的方式，並與本國傳統節日做比較，找出相似或不同之處，進而學會尊重、包容不同的文化差異。

壹、在這個活動中，學生將要：

一、分組各自選擇一個節慶作為研究報告的主題。

二、就選好的主題進行合作研究、查詢、蒐集、閱讀相關資料。

三、製作一張海報，說明和介紹這個節慶。

四、自訂一個特別的節日，並向大家報告這個節日的慶祝活動。

貳、教學活動：

一、活動步驟

㈠熱身活動：教師請學生說明我國傳統的節日有哪些？〔完成學習單（一）〕

㈡在說明這個活動之前，教師導讀《我們一起慶祝節日》（文：Anabel Kindersle作，徐明華譯，出版社：啟思文化）這本書，並簡單介紹各

地慶祝主題相同之處：「春天」代表：新生、活力和成長，「夏天」代表戶外活動和豐盛的食物，「秋天」代表豐收的回憶，「冬天」代表光明和溫暖。這個活動的目的是要引導學生了解到，世界各地的生活環境、傳統文化和習俗雖然不盡相同，但人們共通的情感（感恩、惜福、慶祝時的歡樂心情）卻是一樣的。

㈢向學生說明活動內容，告知將進行的研究，掛上世界地圖，介紹各國的地理位置，並提供相關的網站，以及帶學生到圖書館查詢資料〔完成學習單（一），不限張數〕。

㈣學生分組報告學習單（二）的內容，然後教師引導全班進行討論：如何選擇適合的主題？每個主題應該包含哪些內容？有哪些插圖可以使用？

㈤學生選定主題後，開始分組進行研究：閱讀書籍、做筆記、上網查詢、分析、整理資料，最後再附上插圖或照片，製作成海報。

㈥要求學生不論是研究主題的選擇、報告的編寫或海報的製作，都必須和老師討論之後才可以進行。老師可教學生如何安排版面，或打草稿。

㈦學生完成作品後，必須請老師審查，通過後方能上台報告。在每組報告之後，他組的同學可以提問或給予回饋。

㈧師生共同將海報和活動照片展示於教室或走廊上。

二、延伸活動

㈠配合學習單（三），請學生為一段難忘的回憶設計一個慶祝會。

㈡學生利用蒐集或自製的道具，安排一場自訂節慶的嘉年華會，將節日的慶祝活動表演出來。學生應事先準備活動腳本及工作分配表，教師可將其活動拍照或攝影存檔。

參、學生將學會：

學習目標	對應之九年一貫課程能力指標	
一、會利用圖書館和網路蒐集、整理、閱讀資料。	語文 E-2-2-1-1	能養成主動閱讀課外讀物的習慣。
	語文 E-2-6-3-1	能利用圖書館檢索資料，增進自學的能力。
	語文 E-2-6-3-2	能熟練利用工具書，養成自我解決問題的能力。
	語文 E-2-6-3-3	學習資料剪輯、摘要和整理的能力。
	語文 F-2-2-1-1	能掌握詞語的相關知識，寫出語意完整的句子。
二、能學會與他人合作，學習共同完成工作。	語文 F-2-5-1-1	能從內容、詞句、標點方面，修改自己的作品。
	語文 E-2-6-3-3	學習資料剪輯、摘要和整理的能力。
三、能學會將海報內容上台報告與他人分享，並能專心聆聽他人報告。	語文 C-2-3-7-7	說話用詞正確，語意清晰，內容具體，主題明確。
	語文 B-2-2-10-11	能正確記取聆聽內容的細節與要點。
四、能珍惜生活中值得紀念的時刻，並尊重和欣賞不同文化的差異。	綜合 3-2-2	參加團體活動，了解自己所屬團體的特色，並能表達自我以及與人溝通。
	社會 9-2-2	比較不同文化背景者闡釋經驗、事物和表達的方式，並欣賞文化的多樣性。

肆、小筆記：

伍、學習單：

（一）四季風情畫~本國篇

從年初到歲末，全國各地都會舉辦一連串有趣的風俗節慶。請小朋友回想一下，有哪些活動並把它們記錄下來。

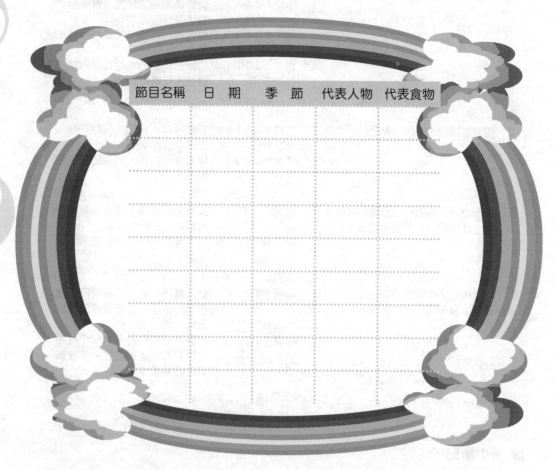

節目名稱	日　期	季　節	代表人物	代表食物

我知道（　　　　　　　　　　）的由來：

（二）地球大觀園～外國篇

小朋友，世界各地有許多特別令人難忘的節慶活動：有些是宗教性的，有些是關於歷史與傳統的；而且由於地理與人文環境的不同，便造成了彼此的差異。現在，請你找尋相關的資料，並完成學習單。

國家（或地區）：＿＿＿＿＿＿＿＿＿

名稱：＿＿＿＿＿＿＿＿＿

應節食品：＿＿＿＿＿＿＿＿＿＿＿

節慶的由來（或傳說）：

意義：

慶祝的方式：

◎這個節日讓我印象最深刻的是：＿＿＿＿＿＿＿＿＿＿＿＿＿＿＿＿＿

（三）特別的日子

　　每個人心目中或許都有一段令人難忘的回憶，或是有某件事或某個人在你心中占有重要的位置。現在，請你為此設計一個慶祝會，並與大家分享。

我想為（　　　　　）辦慶祝會

因為：

我想邀請：

我為這個活動準備的美食

有：

慶祝的方式：

陸、評量標準：

	評量標準	
編號	工作	評量細目
1	選擇主題	主動查詢，利用資料找出與研究的慶祝節日相關的題目。
2	記錄資料	在筆記本上仔細用心記錄與主題相關的資料。
3	完成學習單	仔細完成學習單上的內容。
4	描述這個節日的由來	能將節日的由來起因、慶祝的方式、代表的食物、服裝……等，加以詳細說明。
5	完成海報	能用心安排版面，將海報完成並加以美化。
6	報告	學生能清楚的說明海報內容，並能專心聆聽他人的報告。
7	分享回饋	對他人的報告給予回應。

柒、相關網站：

網站及網址	網站介紹
博客來網路書店 http://www.book.com.tw/	提供各類書籍、音樂 CD、雜誌之搜尋及銷售。
MOOK 自由自在旅遊網全球景點 http://www.travel.mook.com.tw/globl/ Europe/	介紹全球五大洲的國家，詳述其重要的民俗活動、風景名勝、古蹟……等。
亞卓市節慶會館網頁 http://leisure.educities.org./travelmate/20/ 117.shtml	介紹全球各民族或國家的重要民俗節慶活動、由來、習俗……等。
中國的節慶 http://content.edu.tw/local/taipei/tpteach/ holiday/holiday.htm	介紹除夕春節、元宵節、清明節、端午節、中元普渡、重陽節、中秋節、冬至、尾牙等節慶習俗。
2000 年各國節慶表 http://www.travelonline.com.tw/tranote/ data/holiday.htm	詳列世界各國一至十二月的節慶時間表。
世界節慶 http://udn.com/SPECIAL_ISSUE/TRAVEL /UDNTRAVEL/menu/ho-index.shtml	國家總覽：日本、韓國、菲律賓、印尼、泰國、以色列、挪威、丹麥、瑞典、芬蘭、匈牙利、南斯拉夫、荷蘭、俄羅斯、法國、德國、英國、義大利、美國、加拿大、墨西哥、多明尼加、牙買加、薩爾瓦多、瓜地馬拉。

捌、我的表現（評量表）：

我的表現如何？					
	學生自評			老師回饋	
	我真是有夠讚	我的表現還不錯	我還需要再加油	你真是有夠讚	你的表現還不錯	再加油一點會更棒
我能夠						
1 我能按照老師指示進行活動。						
2 我能找到和「節慶」相關的資料，並仔細閱讀。						
3 我能將找到的資料用心剪輯、摘要和整理。						
4 我能用心回答學習單的問題。						
5 我能專心聆聽他人的報告。						
我做到了						
1 我完成學習單的內容。						
2 我向全班介紹我的「特別的日子」學習單。						
3 我可以在世界地圖上指出研究國家的位置。						
4 我比較不同地區文化的差異。						
5 我能正確記取聆聽內容的細節與要點。						
我學會了						
1 我知道如何查詢有關的資料。						
2 我發現與研究主題有關的趣事。						
3 我學到口頭報告的經驗。						
4 我學到了製作海報的技巧。						

◎老師想對你說的話：

玖、延伸閱讀：

書名	類別	作者	繪者	出版社	內容介紹
波利聖誕快樂	繪本	布里姬特·溫尼格	伊芙·塔列	台灣麥克	聖誕老公公喜歡懂得分享的小孩，於是，波利搬出一大堆食物，分給其他動物。兄弟姊妹責怪他時，爸爸媽媽卻安慰他，說他是做了件好事。聖誕節到了，動物們為感謝波利，各送了一份小禮物答謝他。
化裝舞會	繪本	Soon Chung	Ji-Chung	啟思教育	稀奇古怪國將舉辦化裝舞會，辛蒂心裡好著急，因為她沒有適合的服裝。結果她利用巧手設計出不同造型的服裝和配備，竟成為舞會中最受人矚目的皇后。
曠野的聲音	人文小說	瑪洛·摩根		智庫	描寫一個美國婦人，受到真人部落的號召，放下許多文明的束縛（例如：服飾、珠寶、一大堆的偏見），用全新的眼光踏上一段冒險之旅——橫越澳洲沙漠。途中她見識了原住民愛物惜物，及與自然生態和平共處的天性，而由衷產生敬仰之意。
中國孩子的故事	套書	洪淑英 歐世皓 謝桂芳	楊長義	花旗	全套共一百本，分成二十個部分，介紹本國的民間故事、節令、名人、地名……等，內容生動有趣，引人入勝。
世界地理百科	套書			東方	本套書介紹不同地區或國家生活、工作、時間、飲食……等習慣的差異。

【進階】 四海一家

出去走走——知性之旅

李秋蘭

交通的便捷，資訊傳達的快速，在在縮短了全世界的距離，全世界的人類來往頻繁、密切得就像同住在一個「地球村」。世界上各個地區的人們因生活方式或文化內涵的不同，在思想及價值觀方面都有很大的差異。在此學習活動中，學生將藉由規畫出國自助旅行的過程，能更進一步了解各國的生活、當地的風土民情，並學習如何與世界各地的朋友相處。

壹、在這個活動中，學生將要：

一、蒐集各國風土民情、旅遊相關資訊，分組討論，訂定一個自助旅行計畫表。

二、小組成員共同製作自助旅行手冊（包括參與組員、往返日期／時間、參觀景點簡介、注意事項）。

三、各組以短劇、角色扮演方式介紹此自助旅行計畫的整個行程內容（包括當地人民打招呼方式、特產、特殊風土民情簡介）。

四、能分享彼此的計畫。

五、能說出各組計畫的優缺點。

貳、教學活動：

一、活動步驟

㈠各組參閱世界地圖、旅遊手冊、上網搜尋、分組討論，規畫自助旅行

的行程。

㈡各組學生可請教有旅遊經驗者或拜訪旅行社及參閱雜誌、上網……。
　蒐集旅遊景點相關國家的風土民情、文化特色及旅途中必須注意的安
　全事項，訂定自助旅行手冊（包括參加人員、日期、地點、費用、食
　宿、裝備、注意事項）。

㈢各組以短劇方式介紹此次自助旅行的行程，包括各國的特色，例如：
　語言、服裝、特產、打招呼方式。

㈣共同檢視各組行程安排的優缺點，做適當修訂。

二、延伸活動

㈠可利用寒暑假組成海外遊學團，了解各國文化背景，拓展視野，文化
　深耕。

㈡延伸閱讀《單車環球夢》（文：江秋萍、林姬瑩，圖：林姬瑩，出
　版：經典雜誌）。

參、學生將學會：

學習目標	對應之九年一貫課程能力指標	
一、利用各種方式蒐集旅遊訊息，提升溝通表達及蒐集資訊的能力。	語文 B-2-1-9-4	能主動參與溝通與協調。
	語文 B-2-2-2-2	能在聆聽過程中，系統歸納他人發表之內容。
	語文 C-2-1-1-1	在討論問題或交換意見時，能清楚說出自己的意思。
二、彙整蒐集相關資訊、訂定行程表、編製旅遊手冊、及提升組織與規畫的能力。	語文 C-2-4-10-4	能與人討論問題，提出解決問題的方法。
	語文 E-2-6-3-3	學習資料剪輯、摘要和整理的能力。
三、參與角色扮演活動，提升團隊合作、表現與創新的能力。	語文 C-2-3-7-7	說話用詞正確，語意清晰，內容具體，主題明確。
	藝文 1-3-8	透過在藝術集體創作方式，表達對社區、自然環境之尊重、關懷與愛護。
四、能安靜觀賞各組表演、提升欣賞的能力。	語文 C-2-2-4-4	能運用合適的語言，與人理性溝通。
	語文 B-2-1-2-1	能養成喜歡聆聽不同媒材的習慣。
五、由分享中了解各國風情，提升文化學習與國際了解的能力。	語文 B-2-2-10-11	能正確記取聆聽內容的細節與要點。
	社會 1-3-1	了解不同生活環境差異之處，並能尊重及欣賞其間的不同特色。
六、能指出各組計畫的優缺點，提升批判思考的能力。	語文 B-2-2-3-3	能發展仔細聆聽與歸納要點的能力。
	語文 C-2-2-2-2	能針對問題，提出自己的意見或看法。

肆、小筆記：

伍、學習單：

學習單㈠旅遊手冊

背起行囊──與夢想起飛

＊旅行團團名： ---

＊旅遊國家簡介：

一、國名： --

二、面積： --

三、人口： --

四、語言： --

五、預定目的地： --

六、探索主題： --

七、旅費： --

八、特殊風土民情： --

九、特產： --

十、同行的夥伴有： --

學習單㈡旅遊手冊

請列出自助旅行注意事項

學習單㈢旅遊手冊

出去走走──行程簡介

學習單㈣

活動寫真

 請各組拍下短劇表演的精采鏡頭。

陸、評量標準：

	評量標準	
編號	工作	評量細目
1	共同閱讀	能與同學一同閱讀相關資訊。
2	參與討論	在分組討論中積極發表意見，並尊重他人發言的機會。
3	分組合作	能共同完成自助旅行的行程表。
4	製作旅行手冊	能將所蒐集的資料彙整，編寫成旅遊手冊。
5	介紹旅遊計畫內容	會運用適當的詞句及肢體語言介紹旅遊景點特色，並能安靜聆聽他人的表達。
6	說出各組的優缺點	會加以整理歸納，適切的說出心中的想法。

柒、相關網站：

網站及網址	網站介紹
「時報旅遊」旅遊手冊 http://www.cts-travel.com.tw/handbooks.htm	提供國外各地旅遊安全須知及當地風土民情介紹，是旅遊資訊相當完整的網站。
旅訊雜誌 http://www.travelline.com.tw/	旅遊圖書館、映象之旅、旅遊錦囊。
世界之旅 http://www.wcn.com.tw/	暢遊五大洲、旅遊工具箱。
Mook 自由自在旅遊網 http://travel.mook.com.tw/	有旅遊新聞、全球旅遊景點、台灣出團情報及作家專欄。
Anyway 旅遊網 http://www.anyway.com.tw/home.asp	提供旅遊情報、出團情報及景點等相關資訊。
中國旅遊網 http://www.cnta.com/	國家旅遊局官方網站，含有中國各地的旅遊訊息。
Yahoo!奇摩易遊網旅遊 http://www.eztravel.com.tw/kimo/eztravel_kimo.htm	提供國內外旅遊行程、訂房、簽證及機票服務。
STA 學生青年旅遊網 http://www.statravel.org.tw/	旅遊諮詢，申請國際學生證、青年旅館證，線上訂票、訂位、訂房、票價查詢。
蕃薯藤旅遊網 http://travel.yam.com/ICPYam2/travel.html	提供航班查詢、機票線上訂購、遊學、自由行、套裝行程、訂房服務等。

捌、我的表現（評量表）：

我的表現如何？						
	學生自評			老師回饋		
	我真是有夠讚	我的表現還不錯	我還需要再加油	你真是有夠讚	你的表現還不錯	再加油一點會更棒
我能夠						
1 我會上網查詢自助旅行相關資訊。						
2 我找到和「自助旅行」相關的書籍，並專心的閱讀。						
3 我將找到的資料和同學分享討論，並製作旅行手冊。						
4 我用心規畫旅遊行程並完成學習單㈢「出去走走」。						
5 我專心的欣賞他人的表演。						
6 我用心寫作。						
我做到了						
1 我找到自助旅行相關書籍。						
2 我能和同學分享彼此的意見。						
3 我完成自助旅行行程規畫表。						
4 我能和同學一起完成旅行手冊。						
5 我能聆聽、欣賞各組表演，並學習其優點。						
我學會了						
1 我知道哪裡可找到有關的資料。						
2 我知道為什麼要學習這個主題。						
3 我知道如何與同學一起規畫自助旅行的行程。						
4 我會用語言和肢體動作表達想法。						
5 我學到與他人分享的許多經驗。						

◎老師想對你說的話：

- -

- -

玖、延伸閱讀：

書名	類別	作者	繪者	出版社	內容介紹
從這島到那島	觀光旅遊	徐玫怡		皇冠	在旅遊地點的描述上分兩部分。一是生活的台灣：作者以旅遊之心，觀看自己在台灣的生活環境，從搭公車事件、淡季的墾丁等，觀察出台灣人隨和又積極的生活態度。二是亞洲熱帶島嶼：記錄熱帶小島——例如泰國中南部各小島隨性的旅遊、峇里島中北部的村落故事。
單車環球夢	觀光旅遊	江秋萍 林姬瑩	林姬瑩	經典雜誌	單車環球夢的地圖上，有一條友誼綴成的花徑，穿越溪流，登上峻嶺，引領夢想，發現新視野。
帶這本書去歐洲	觀光旅遊	張榜奎		時報	作者以長期帶團的經驗，詳加說明欣賞歐洲文化、美術、音樂、建築、雕刻時，所應知道的背景知識以及玩賞重點，讓人出國旅遊不再只是走馬看花。
如歌歲月——閱讀古希臘文明	觀光旅遊	徐善偉 顧鑾齋		世潮	兩位作者不僅是歷史學博士教授，也是世界上古史研究權威。「古希臘文明」被尊為西方文明之源，柏拉圖的散文千古流傳、荷馬的史詩無與倫比、維納斯的美更令人讚嘆……讓我們一起追尋古希臘文明科學與理性精神的奇蹟。
永恆涅槃——古印度文明朝聖	觀光旅遊	趙伯樂		世潮	玄奘取經的故事，釋迦牟尼成佛之說，文明古國的歷史傳承，勾起人們的回憶，恆河東流孕育子民，印度河西向灌溉土地，大河文化的精髓表露無遺。加上宗教、種族的多元，更讓印度蒙上一層神祕的色彩，讓我們一起來探訪這南亞大陸無盡的寶藏。
潔西過大海	繪本	艾美·海斯特	P. J. 林區	格林	潔西常聽人提起美國是富裕的國家，有一天她意外獲得前往美國的船票，她依依不捨的離開疼愛她的奶奶，來到美國。她努力的工作、學習、存錢，希望有一天奶奶也能來。
環遊世界做蘋果派	繪本	瑪尤莉·普萊斯曼	瑪尤莉·普萊斯曼	台灣麥克	本書讓我們認識了一件物品的製作過程，及各國的特色與風貌，然而它最引人入勝之處，卻是那種隨心所欲的帶著讀者一起遨遊世界的想像力。

書名	類別	作者	繪者	出版社	內容介紹
八歲，一個人去旅行	繪本	吳念真		遠流	一個來自北部礦村的童年往事。導演吳念真第一次的獨自旅行，一個八歲少年的火車旅行，收穫的不僅僅是旅程的圓滿，更流露作者對人與人之間的信心和希望。

面向三：自然環境

植物的世界

初階　假如我是一棵樹

中階　校園植物小檔案

進階　綠色狂想曲

　　　　　　　　　　　　　　　　　　　　　植物的世界

假如我是一棵樹

林慈鳶

> 本活動以「樹也有生命」為主軸，讓兒童了解樹和人一樣有生命，會依時間變化，也會和大自然產生各種互動。在學習的過程中，教師可引導兒童以感官觀察樹的各種姿態和情感，並讓兒童發揮豐富的觀察力與想像力，用肢體和情緒表演出樹的各種姿態、情感，以及樹和大自然的互動。

壹、在這個活動中，學生將要：

一、閱讀繪本《椅子樹》，了解樹有生命，並以繪本為出發，觀察生活周遭樹木的各種姿態，以及樹和大自然所產生的互動。

二、對樹的生活做聯想，想像樹和自然界互動時所產生的情感，並以身體的各種感官出發，描述樹的各種情感表達。

三、與他人做討論與分享，訓練口語表達、聆聽以及寫作的能力。

四、進行體能遊戲「假如我是一棵樹」，運用肢體、感官來表現樹的各種姿態、情感。

貳、教學活動：

一、活動步驟

㈠師生共讀繪本《椅子樹》（文：梁淑玲，出版社：國語日報），引起動機。教師可啟發兒童思考樹是有生命的，並引導兒童觀察故事中所呈現樹的各種姿態，以及樹和自然界產生的各種互動，例如：小鳥在

樹上築巢、人會爬樹……等。

㈡教師利用學習單「小小觀察員」，讓兒童更深入觀察繪本《椅子樹》
中有關樹的各種姿態，以及樹與自然界的互動情形。此外，教師還可
引導兒童觀察生活周遭的樹，使繪本與生活做連結。

㈢教師將全班分成若干小組進行討論，以樹有生命為主軸，讓兒童聯想
當樹和自然界互動時所產生的各種情感，例如：下雨時，樹的身體被
打得好痛；聞到花香時，樹的心情很愉快。此時，教師可提示兒童從
身體的各種感官出發，描述各種情感的表達。

㈣透過小組討論，除了訓練兒童口語表達的能力，還可讓兒童體會到他
人也有不同的想法，培養欣賞他人的能力。此外，教師還可利用學習
單「樹的心情」，讓兒童記錄下自己和他人不同的意見。

㈤當兒童對樹的各種情感表達有所了解後，教師可帶領兒童做體能遊戲
「假如我是一棵樹」。首先讓兒童做簡單的暖身，之後請兒童閉上眼
睛數分鐘，開始想像自己是一棵小小的樹，教師可依序下口令，例
如：「樹現在慢慢長大了」、「一陣清涼的微風吹了過來」、「有小
鳥飛到樹枝上唱歌」……等，請兒童利用肢體伸展，依序表現出樹的
各種姿態和心情。

㈥教師在帶領兒童遊戲的過程中，應不斷提醒兒童發揮想像力，大膽的
利用肢體表現各種姿態，發揮身體的各種可能性。

㈦遊戲結束後，教師引導兒童回憶自己的表現，請兒童發表自己如何利用
肢體的伸展，來表現出樹的姿態和情感，並利用學習單（三）做記錄。

二、延伸活動

㈠教師可擴展「假如我是一棵樹」的遊戲，以小組的方式進行活動，讓
一群兒童合作表現出一棵大樹的姿態、情感，過程中讓兒童體會相互
合作的重要。

㈡「尋找通緝樹」遊戲：教師先貼出通緝的告示海報，提示兒童有關通緝
樹的外形特徵、可能出現的地點範圍等，讓兒童依指示在校園內尋找。

㈢「尋找通緝樹」遊戲結束後，請兒童摘下所搜尋到的通緝樹的一片葉
子，此時教師可帶領兒童做「葉拓」實驗，讓兒童了解樹葉的構造。

參、學生將學會：

學習目標	對應之九年一貫課程能力指標	
一、閱讀繪本。	語文 E-1-7-5-2	能理解在閱讀過程中所觀察到的訊息。
二、觀察生活中樹的各種姿態，以及樹和大自然所產生的互動，並記錄下來。	語文 F-1-1-1-1	能學習觀察簡單的圖畫和事物，並練習寫成一段文字。
	語文 F-1-2-1-1	能運用學過的字詞，造出通順的句子。
	語文 F-1-4-6-2	能寫出自己身邊或與鄉土有關的人、事、物。
三、小組討論與記錄。	語文 B-1-2-7-4	能有條理的掌握聆聽到的內容
四、肢體表演。	藝文 1-1-2	運用視覺、聽覺、動覺的藝術創作形式，表達自己的感受和想法。
	藝文 3-1-9	透過藝術創作，感覺自己與別人、自己與自然及環境間的相互關連。

肆、小筆記：

伍、學習單：

（一）小小觀察員

一、寫一寫

　　小朋友，在閱讀完繪本《椅子樹》後，請試著用不同的詞語來描述椅子樹的外觀和各種姿態。

　　<u>高大的</u>　　　　　────────　　　　────────

　　────────　　　　────────　　　　────────

二、畫一畫

　　小朋友，觀察日常生活中常見到的樹，它們和「椅子樹」有什麼不同呢？請將你所見過最特別的樹畫下來。

三、說一說

　　在繪本《椅子樹》中，你是否看到小鳥在椅子樹上歌唱，還有各種動物在樹下乘涼？小朋友，請你說一說，在故事中，椅子樹還和大自然發生了哪些有趣的事情呢？

家長給小寶貝的燈：

（二）樹的心情

日　　期	
時　　間	
地　　點	
討論主題	
討論成員	

◎討論內容：

聞到春天的花香時，樹的心情變得＿＿＿＿＿＿＿＿＿

下雨的時候，雨滴打在樹的身體上，樹＿＿＿＿＿＿＿＿＿＿

聽見小鳥歌唱時，樹覺得＿＿＿＿＿＿＿＿＿

小孩爬到樹上玩耍時，樹＿＿＿＿＿＿＿＿＿

◎我的討論心得：
＿＿＿＿＿＿＿＿＿
＿＿＿＿＿＿＿＿＿

（三）假如我是一棵樹

◎假如我是一顆樹，

我會用我的 ＿＿＿＿＿＿ ，代表樹的 ＿＿＿＿＿＿ ；

我會用我的 ＿＿＿＿＿＿ ，代表樹的 ＿＿＿＿＿＿ ；

我會用我的 ＿＿＿＿＿＿ ，代表樹的 ＿＿＿＿＿＿ ；

我會用我的 ＿＿＿＿＿＿ ，代表樹的 ＿＿＿＿＿＿ 。

◎當微風吹來時，

我感覺 ＿＿＿＿＿＿＿＿＿＿＿＿＿＿＿＿＿＿＿＿ ，

這時候我會 ＿＿＿＿＿＿＿＿＿＿＿＿＿＿＿＿ 來表示。

（請寫出身體的動作）

◎當小鳥飛到樹枝上歌唱時，

我感覺 ＿＿＿＿＿＿＿＿＿＿＿＿＿＿＿＿＿＿＿＿ ，

這時候我會 ＿＿＿＿＿＿＿＿＿＿＿＿＿＿＿＿ 來表示。

（請寫出身體的動作）

◎當 ＿＿＿＿＿＿＿＿＿ 時，

我感覺 ＿＿＿＿＿＿＿＿＿＿＿＿＿＿＿＿＿＿＿＿ ，

這時候我會 ＿＿＿＿＿＿＿＿＿＿＿＿＿＿＿＿ 來表示。

（請寫出身體的動作）

陸、評量標準：

評量標準		
編號	工作	評量細目
1	閱讀繪本	能了解故事內容所要傳達的意義，並仔細觀察圖片。
2	觀察日常生活中的樹	配合繪本內容，觀察日常生活中樹的姿態，以及樹與大自然的互動，並完成學習單「小小觀察員」。
3	小組討論	語意清楚的表達自己的意見，並仔細聆聽、記錄討論的要點。
4	肢體表演	能善用肢體伸展，表現樹的姿態和心情。

柒、相關網站：

網站及網址	網站介紹
植物大觀園 http://www.sinica.edu.tw/~hastwww/	包括「植物標本採集記錄資料庫」、「植物基礎資料庫」、「植物圖片資料庫」、「專有名詞資料庫」、「參考文獻資料庫」及「地理資訊系統資料庫」等。此外，「植物生態調查表」以及「街道植物調查圖」的部分可提供師生互動學習。
自然開在眼前 http://www.bookzone.com.tw/event/bigtree/page/page6.asp	本網站共分三大主題：「疼惜身邊的老樹」、「貼近自然的大地」、「邂逅春夏秋冬」。介紹許多有關植物的知識性讀物，可提供教師做為教學前的準備。
吳添進的植物世界二 http://www.cses.tcc.edu.tw/~tiwngien/	除了介紹植物的基本知識，也提供許多教學素材，例如：「植物謎語」、「植物寫真」、「植物圖庫」等，以及植物學習單、測驗練習供教師做教學互動的參考。
台灣本土植物資料庫 http://taiwanflora.sinica.edu.tw/	提供植物的標本、文獻、影像，以及分布資料庫查詢。在植物專欄中，還介紹了有關植物標本的製作流程。

捌、我的表現（評量表）：

我的表現如何？	學生自評			老師回饋		
	我真是有夠讚	我的表現還不錯	我還需要再加油	你真是有夠讚	你的表現還不錯	再加油一點會更棒
我能夠						
1 我能仔細觀察繪本中的圖片。						
2 我能觀察日常生活中的樹。						
3 我能專心的聆聽他人發表意見。						
4 我能清楚的發表自己的意見。						
5 我能善用肢體伸展，表演樹的姿態和心情。						
我做到了						
1 我了解繪本《椅子樹》的主旨。						
2 我能仔細觀察、描述繪本中的圖片。						
3 我能說出日常生活所見的樹的特色。						
4 我能和小組順利完成討論。						
5 我完成老師所指派的學習單。						
我學會了						
1 我能了解閱讀故事的方法。						
2 我知道如何觀察、欣賞繪本中的圖片。						
3 我知道如何與他人討論。						
4 我知道如何觀察日常生活中的樹。						
5 我能利用肢體，有自信的表演。						

◎老師想對你說的話：

玖、閱讀延伸：

書名	類別	作者	繪者	出版社	內容介紹
如果樹會說話	繪本	郝廣才	卡門凡佐兒	格林	一個男孩想：「樹為什麼不說話？」老人教男孩用樹做豎琴，並用豎琴幫樹說出人們想聽的話，安慰人們的心。男孩以為這就是讓樹說話的方法。直到一天男孩撥斷琴弦，再也無法彈出美麗的琴聲，此時他才明白，真正讓樹說話的方法，其實是來自於有生命的樹的本身。
兒子吐吐	繪本	李瑾倫	李瑾倫	信誼	小豬胖臉兒喜歡把東西吃光光。有一天，他把木瓜連子都吞了下去，他開始緊張自己的頭頂會不會長出木瓜樹來，擔心的小豬胖臉兒用盡辦法阻止木瓜樹長出來，最後才發現原來吃木瓜子並不像想像中那麼可怕。
十顆種子	繪本	露絲·布朗	露絲·布朗	經典傳訊	描寫十顆種子和螞蟻、鴿子、老鼠、蛞蝓之間的故事。當種子逐漸成熟、長大的同時，你是否注意到園裡的景觀也在不斷變化？仔細留意，種子發芽、成長與開花結果的過程，充滿了生命的喜悅與希望。本書也提醒讀者生態保育的重要。
小種籽	繪本	艾瑞·卡爾	艾瑞·卡爾	上誼	小種籽雖然小，卻不氣餒，跟著同伴一起努力的飛，歷經千辛萬苦後，終於長成一朵巨人花，雖然秋天的強風把它的花瓣吹落，小種籽仍又勇敢地彈出，乘著秋風再度飛起。

【中階】　　　　　　　　　　　　　　　　　　　　植物的世界

校園植物小檔案

李燕梅

> 　　學習的園地充滿了生機，校園裡隨處可見的植物隨風搖曳，讓學生透過觀察植物的外形、莖、花、果實等，記錄成植物小檔案。由觀察、記錄至成果發表，此三項學習過程讓學生體會團隊合作的精神，並對植物有進一步的認識。

壹、在這個活動中，學生將要：

一、觀察校園內常見的植物的分布。

二、小組觀察植物的外觀、生長特性並做記錄。

三、以繪圖、記錄方式製作植物檔案。

四、查閱書籍、網路，蒐集植物相關資訊。

五、小組發表製作檔案的成果。

貳、教學活動：

一、活動步驟

㈠引起動機，觀察校園內常見的植物，全班討論，提出五至六種校園中常見的植物（例如：榕樹、樟樹、桑樹、杜鵑花、扶桑、木棉樹、紫荊……等）。由小組認領一種植物進行校園植物調查，並利用繪圖、記錄的方式來蒐集校園植物資訊。

㈡利用書籍、網際網路來查詢植物的基本資料，小組討論將蒐集到的植

物製作成「植物小檔案」。

㈢小組分工合作完成檔案，其內容項目應包括：1.封面；2.校園植物分
布圖；3.植物外觀圖；4.基本資料；5.參考書籍（網站）；6.留言
板；7.小組工作分配表。

㈣小組發表製作檔案成果，報告植物蒐集情形、植物的基本資料及製作
過程。

二、延伸活動

蒐集校園中的其他植物種類，完成植物檔案，全班將植物檔案彙
整，完成一本「校園植物手冊」。

參、學生將學會：

學習目標	對應之九年一貫課程能力指標	
一、透過觀察，認識校園常見的植物。	語文 C-2-1-2-3	在看圖或觀察事物後，能以完整語句簡要說明其內容。
	自然 1-2-1-1	察覺事物具有可辨識的特徵和屬性。
	綜合 2-3-2	觀察野外生活中自然現象的變化。
二、透過觀察、記錄、資料蒐集方式，讓學生了解植物的外觀與生長特性。	語文 E-2-4-7-4	能將閱讀材料與實際生活情境相聯結。
	語文 E-2-6-3-2	能熟練利用工具書，養成自我解決問題的能力。
	語文 E-2-8-9-4	能主動記下個人感想及心得，並對作品內容摘要整理。
	自然 1-2-1-1	察覺事物具有可辨識的特徵和屬性。
	自然 1-2-5-3	能由電話、報紙、圖書、網路與媒體獲得資訊。
三、發揮團體合作的精神，完成植物檔案，並加以發表。	語文 C-2-1-1-2	能和他人交換意見，口述見聞，或當眾做簡要演說。
	語文 C-2-4-10-4	能與人討論問題，提出解決問題的方法。
	自然 5-2-1-2	能由探討活動獲得發現和新的認知，培養出信心及樂趣。
	綜合 3-2-2	參加團體活動，了解自己所屬團體的特色，並能表達自我以及與人溝通。

肆、小筆記：

伍、學習單：

（一）_____的小檔案

製作群：第_____小組

成員：_____

　　　_____

　　　_____

　　　_____

✂ -

（二）_____的校園分布圖

◎調查時間：_____年____月____日____時____分

◎校園分布地點：_____

◎分布圖：

（三）我是＿＿＿＿＿＿＿＿＿

◎我的模樣（畫下植物的外觀）：

✂---

（四）＿＿＿＿＿＿＿＿＿＿的基本資料

◎植物名稱：＿＿＿＿＿＿＿＿＿＿＿＿＿＿＿＿＿＿

◎種類：＿＿＿＿＿＿＿＿＿＿＿＿＿＿＿＿＿＿＿＿＿

◎校園內生長地點：＿＿＿＿＿＿＿＿＿＿＿＿＿＿＿＿

◎生長（開花）季節：＿＿＿＿＿＿＿＿＿＿＿＿＿＿＿

◎植物高度：大約＿＿＿＿＿＿＿＿＿公分

（五）_____的莖

◎莖的特徵：_____

◎莖的顏色：_____

◎畫出莖的模樣：

（六）_____的葉

◎葉的特徵：_____

◎葉的顏色：_____

◎畫出葉的模樣：

（七）＿＿＿＿＿＿＿＿＿＿＿的花

◎花瓣數：＿＿＿＿＿＿＿＿＿＿＿＿＿＿＿＿＿＿＿

◎花的氣味：＿＿＿＿＿＿＿＿＿＿＿＿＿＿＿＿＿＿

◎花的顏色：＿＿＿＿＿＿＿＿＿＿＿＿＿＿＿＿＿＿

◎畫出花的模樣：

（八）＿＿＿＿＿＿＿＿＿＿＿的果實

◎果實的特徵：＿＿＿＿＿＿＿＿＿＿＿＿＿＿＿＿＿

◎果實的顏色：＿＿＿＿＿＿＿＿＿＿＿＿＿＿＿＿＿

◎畫出果實的模樣：

（九）參考資料

◎參考書籍

1.書　名：＿＿＿＿＿＿＿＿＿＿ 作者：＿＿＿＿＿＿＿＿ 譯者：＿＿＿＿＿＿＿＿

　出版社：＿＿＿＿＿＿＿＿＿＿ 出版日期：＿＿＿＿＿＿

2.書　名：＿＿＿＿＿＿＿＿＿＿ 作者：＿＿＿＿＿＿＿＿ 譯者：＿＿＿＿＿＿＿＿

　出版社：＿＿＿＿＿＿＿＿＿＿ 出版日期：＿＿＿＿＿＿

◎參考網站

1.網站名稱：＿＿＿＿＿＿＿＿ 網址：＿＿＿＿＿＿＿＿＿＿＿＿

2.網站名稱：＿＿＿＿＿＿＿＿ 網址：＿＿＿＿＿＿＿＿＿＿＿＿

3.網站名稱：＿＿＿＿＿＿＿＿ 網址：＿＿＿＿＿＿＿＿＿＿＿＿

✂---

（十）製作群的留言板

（十一）工作分配表＋自畫像

◎封面製作者（自畫像）　　　　◎校園分布圖製作者（自畫像）

　＊請留下你的姓名　　　　　　　＊請留下你的姓名

（十二）工作分配表＋自畫像

◎植物外觀圖製作者（自畫像）

　＊請留下你的姓名

◎植物基本資料製作、蒐集者（自畫像）

　＊請留下你的姓名

陸、評量標準：

評量標準		
編號	工作	評量細目
1	觀察校園植物	⑴能透過觀察的方式認識校園植物。 ⑵能觀察植物的外觀與生長特性並做記錄。
2	以繪圖、記錄的方式製作檔案	⑴能將實際的觀察結果以繪圖的方式做記錄。 ⑵能將實際的觀察結果以文字做記錄。 ⑶透過製作檔案，了解該種植物的相關資訊。
3	透過書籍、網路方式蒐集植物資訊	⑴透過查詢相關書籍、參考相關資訊完成檔案。 ⑵透過網路查詢相關網站、參考相關資訊完成檔案。
4	小組發表檔案製作成果	⑴以小組為單位，發表檔案製作成果。 ⑵各組互相討論檔案製作的過程與心得分享。

柒、相關網站：

網站及網址	網站介紹
中央研究院植物研究所標本館——植物大觀園 http://www.sinica.edu.tw/~hastwww/	由中央研究院植物研究所設立的網站，從網站中可以查詢植物的相關圖片與研究資料，小朋友還可以在「教育中心」、「教育資料館」學到很多的知識與小才藝，例如：製作葉脈書籤、豆豆彩色拼圖等等。
台灣本土植物資料庫 http://taiwanflora.sinica.edu.tw/	這是一個蒐集台灣本土植物的相關網站，從這裡可以得到台灣特有植物的介紹與研究資料。
塔山自然實驗室 http://tnl.org.tw/tnlhome.htm	在這裡可找到生活中常見植物的相關圖片與資料，並有文集專欄介紹植物的生態、分布、分類與自然保護等。
特有生物研究保育中心 http://www.tesri.gov.tw/species.asp	這是一個介紹特有生物的網站，從這裡可以查詢到特有的動物、植物相關資訊；另外，還有「小小保育家」，以遊戲的方式測驗對特有生物保育的小常識。

捌、我的表現（評量表）：

我的表現如何？					
	學生自評			老師回饋	
	我真是有夠讚	我的表現還不錯	我還需要再加油	你真是有夠讚	你的表現還不錯	再加油一點會更棒

我能夠

1 我能按照老師指示完成活動。

2 我能專心聆聽其他同學的討論，並適時提供意見。

3 我能和小組成員分工合作，共同完成植物小檔案。

4 我能當個好觀眾，欣賞其他小組的成果發表。

我做到了

1 我參與植物小檔案的製作，並完成自己負責的工作。

2 我可以觀察植物的特性與外觀。

3 我可以蒐集相關的植物資訊。

我學會了

1 我知道這個主題的內涵與意義。

2 我學會以觀察記錄的方式認識校園植物。

3 我知道透過閱讀、網路搜尋可找到有關的資料。

4 我學到如何與他人分享及分工合作的經驗。

◎老師想對你說的話：

- -

- -

- -

- -

玖、延伸閱讀：

書名	類別	作者	繪者	出版社	內容介紹
植物 Q & A：生活中的植物 240 問	自然科學	鄭元春	林麗琪	大樹	作者以問題解答的方式，讓讀者認識生活中常見的植物，並解答讀者面對植物時所產生的疑惑。
可愛的動植物觀察	自然科學	鄧紀萬		美勞教育	從自然的探索到親身體會觀察的樂趣，發揮小偵探精神的你將可發現，不僅是書本的知識，大自然裡還有很多知識等待發掘呢！
植物的生活	自然科學	林奎夏（審訂）		國際少年村	生活中植物與人類的互動息息相關，藉由觀察植物，了解環境與人相互成長，養成環境保育的觀念。
植物的世界	自然科學	鄭元春		幼獅	留意生活中的植物，人類將植物的特性應用到日常生活中的食用、醫藥、裝飾等等，凡此種種從本書中可以得到更多的啟示與線索，讓讀者更能生活在植物環繞的環境中。

【進階】 植物的世界

綠色狂想曲

游美琦

> 對人類來說，植物是不可或缺的生物，它可以淨化空氣、美觀環境，還能製作成家具；但是，就在人們更重視休閒活動的當下，植物的功能已經不再局限於此。本課程主要是介紹植物的功用以及台灣各地有名的植物分布與應用，讓學生對於植物能有更深入的了解，並且應用於日常生活之中。

壹、在這個活動中，學生將要：

一、認識生活中常見的植物及其功用。

二、知道台灣各縣市有名的植物物產。

三、認識與植物相關的成語，發揮想像力，設計與成語相關的圖畫。

四、能利用網路資源蒐集相關資料。

五、能利用 Power Point 設計植物簡報，介紹至少一種植物。

六、上台發表，進行簡報內容報告。

七、完成「畫說成語」、「植物大挑戰」、「植物智慧王」學習單。

貳、教學活動：

一、活動步驟

(一)引起動機：利用「看圖猜成語」活動，導入今天的教學主題（成語的內容要跟植物有關，可參考相關網站）。

(二)發展活動：

1. 教師教學：介紹台灣植物（例如：向日葵、蓮花），以及其功能與應用。

2. 學生實作：利用「植物大挑戰」學習單，讓學生自己蒐集相關資料，增加知識廣度。

3. 學生實作：利用「植物智慧王」學習單，引發學生進一步思考，植物除了觀賞的功能外，還具有其他多重用途。讓學生自己尋找答案，建構自己的知識。

4. 教師教學：介紹與植物有關的成語，並讓學生發揮想像力，進行看成語來畫圖的創作（配合「畫說成語」學習單）。

5. 學生實作：利用學校的電腦教室或圖書館，分組進行相關資訊的蒐集。

6. 進行分享：將蒐集的資料利用 Power Point 簡報軟體呈現，有系統的呈現在同學眼前。

7. 學生互動：針對各組的報告內容，學生可以進行討論與提問，更能加強學習的成效。

8. 品評時間：由學生進行票選，選出「內容豐富獎」、「簡報設計創作獎」、「唱作俱佳獎」、「團隊合作獎」，藉以提高學生的學習興致。

二、延伸活動

童詩創作：利用「江南可採蓮，蓮葉荷田田，魚戲荷葉間，魚戲荷葉東，魚戲荷葉西，魚戲荷葉南，魚戲荷葉北。」引導學生創作童詩。

童詩創作的內容，有抒情的、摹寫的、想像的，讓學生了解每一種內容的特性，然後決定創作方向（視學生情況，可進行三至四人的創作）。

童詩創作的格式，可以是新詩（字數不限，不一定要押韻），也可以是古體詩（每句字數相同，可押韻）。

參、學生將學會：

學習目標	對應之九年一貫課程能力指標	
一、了解植物的功用與應用，及其分布地點。	自然 2-3-2-1	察覺植物根、莖、葉、花、果實、種子各具功能。照光、溫度、溼度、土壤影響植物的生活，不同棲息地適應下來的植物也各不相同。發現植物繁殖的方法有許多種。
二、能利用網路蒐集資料。	語文 E-2-2-1-1 語文 E-2-6-3-1	養成主動閱讀課外讀物的習慣 能利用圖書館檢索資料，增進自學的能力。
三、學會與植物相關的成語。	語文 E-2-1-7-2	能掌握要點，並熟習字詞、句型。
四、能利用 Power Point 設計簡報。	語文 C-2-3-8-9	能利用電子科技，統整訊息的內容，做詳細報告。
五、利用簡報進行口頭發表。	語文 C-2-1-1-2	能和他人交換意見，口述見聞，或當眾做簡要演說。
	語文 C-2-2-2-2	能針對問題，提出自己的意見或看法。
	語文 B-2-1-5-2	能讓對方充分表達意見。

肆、小筆記：

伍、學習單：

（一）畫說成語

　　小朋友，我們已學會一些跟植物有關的成語了，接下來請你發揮想像力與創造力，把學會的成語變成一幅圖畫，讓其他小朋友來玩個「成語大猜謎」的遊戲吧！

範例：「一葉知秋」

秋天到了……

　　接下來換你試試看，請在下列成語中，選出一個來創作。形式不拘，可以用文字、圖畫，或是文字加上圖畫呈現都可以，只要發揮你的想像力，就能創造好東西，加油喲！

瓜田李下、望梅止渴、青梅竹馬、錦上添花、指桑罵槐、花團錦簇、打草驚蛇、藕斷絲連、負荊請罪、人面桃花、勢如破竹、杏林春暖、草木皆兵、瓜瓞綿綿。

我的創作：成語＿＿＿＿＿＿＿＿＿

（二）植物大挑戰

　　小朋友，聽過老師介紹過向日葵、蓮花這兩種植物後，你知道台灣其他各地還有哪些著名的植物物產嗎？請你利用電腦、圖書館查一查資料，完成這份挑戰吧！

台北縣‧三芝地區：
物產是：（　　　　）

苗栗‧大湖地區：
物產是：（　　　　）
苗栗‧卓蘭地區：
物產是：（　　　　）

台北市‧陽明山地區：
物產是：（　　　　）

雲林‧古坑地區：
物產是：（　　　　）

嘉義‧阿里山地區：
物產是：（　　　　）

台南‧官田地區：
物產是：（　　　　）

台東‧太麻里地區：
物產是：（　　　　）
台東最有名的水果（　　　　）

（三）植物智慧王

　　小朋友，你知道有些植物具有非常高的經濟價值，整株植物從頭到尾，統統可以加以運用；有些可以拿來泡茶、當作芳香劑，有些甚至可以拿來作為我們的食物。現在，請你將下列的植物依照功能分類，找個最適合的家安置它吧（有些可以重複安置）！

> 菊花、玫瑰花、蓮花、蓮子、蓮藕、薰衣草、向日葵、菱角、金針花、洛神花、咸豐草。
> （除了上面的植物，你也可以把你知道的植物列舉出來，列得越多，越能證明你是一位「植物智慧王」喔！）

◎有醫療效果：

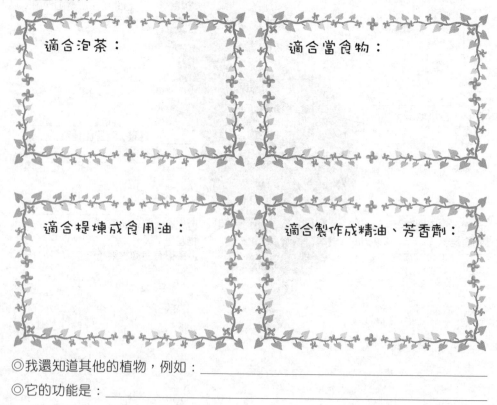

適合泡茶：

適合當食物：

適合提煉成食用油：

適合製作成精油、芳香劑：

◎我還知道其他的植物，例如：＿＿＿＿＿＿＿＿＿＿＿＿＿＿＿＿＿＿

◎它的功能是：＿＿＿＿＿＿＿＿＿＿＿＿＿＿＿＿＿＿＿＿＿＿＿＿

陸、評量標準：

評量標準		
編號	工作	評量細目
1	完成「畫說成語」學習單	發揮創意、鼓勵思考，創作一幅「看圖猜成語」的圖畫。
2	參觀他人設計的成語圖猜	猜一猜同學們辛苦設計的成語圖猜，看看學生是否能發揮聯想力。
3	完成「植物大挑戰」學習單	學生可以利用網路、圖書，查詢相關的資料，增加生活知識，增廣見聞。
4	完成「植物智慧王」學習單	學生可以利用網路、圖書，查詢相關的資料，並運用於生活中。
5	設計一個植物簡報	蒐集植物資料，製作一個簡報，將植物的功能、產地、在生活上的應用做一個簡單的說明。
6	上台介紹各組自行製作的植物簡報	口頭發表的流暢度、台風、內容的豐富性、團隊合作的表現。

柒、相關網站：

網站及網址	網站介紹
陶陶看圖說成語 http://home.kimo.com.tw/ptef/304-1.htm	網站內提供許多成語圖片，豐富而有趣，腦力激盪一下，有些需要發揮想像力，有些則是清楚明瞭。不妨用於教學上，鼓勵學生換個方向思考。
小豬愛說笑 http://www.epig.idv.tw/picsp.htm	看圖猜成語，測試自己的國文能力吧！
彥堂的思考空間 http://www.taconet.com.tw/yenanton	網站中有「成語拼盤」，利用文字、圖畫設計成簡單的成語猜謎，是結合台北地區教師的智慧而成的喲！
香野花田 http://home.pchome.com.tw/star/springna7139/	向日葵品種介紹、向日葵花語，說明如何栽種、挑選、保存向日葵。
晉升向日葵農場 http://home.pchome.com.tw/love/e122441/	深入介紹向日葵的來源與狀態、景觀綠肥用品種選擇、鮮草產量直體組成分，及向日葵的栽培方法。
集集紅太陽花園 http://home.kimo.com.tw/rsg552/	介紹向日葵的功效以及集集鎮。
桃園觀音青林主題農場 http://www.ching-lim.com/index.asp/	介紹向日葵相關飾品、彩繪向日葵。
鴻福觀光蓮花農場 http://lotus.106.net/main.htm	介紹蓮花的起源、蓮花與荷花、蓮花寶典、蓮花品種。
蓮之鄉 http://inf.ccivs.cyc.edu.tw/~jksa/lotus/	介紹「蓮之鄉」白河鎮、賞蓮祕訣、蓮子產品。
章魚網 http://www.taconet.com.tw/lotus/	介紹白河蓮花以及蓮花節系列活動、蓮花美食、「關仔嶺之戀」等。
蓮花之鄉 http://www.geocities.com/Tokyo/Garden/5572/	介紹蓮花之鄉、蓮花功用、蓮子產品、蓮花大餐、賞蓮路線等。

捌、我的表現（評量表）：

我的表現如何？					
	學生自評			老師回饋	
	我真是有夠讚	我的表現還不錯	我還需要再加油	你真是有夠讚	你的表現還不錯	再加油一點會更棒

我能夠

1 我能指出台灣各地有名的植物物產。						
2 我能說出至少三個和植物有關的成語。						
3 我能發揮想像力與思考能力看圖猜成語。						
4 我會運用電腦媒體蒐集資料。						
5 我會運用電腦簡報軟體製作簡報。						
6 我能上台發表報告內容。						

我做到了

1 我能獨立完成「畫說成語」學習單。						
2 我能猜出至少三位同學設計的看圖猜成語。						
3 我能用電腦查詢相關議題，完成「植物大挑戰」學習單。						
4 我能用電腦查詢相關議題，完成「生活植物王」學習單。						
5 我能從容的上台報告，傳達清楚且明確的訊息。						

我學會了

1 我知道至少三個與植物有關的成語。						
2 我知道台灣各地有名的植物物產。						
3 我知道各種植物有它獨特的功能，以及如何運用。						
4 我學會如何利用電腦媒體設計簡報，呈現報告重點。						

◎老師想對你說的話：

_____

_____

_____

玖、延伸閱讀：

書名	類別	作者	繪者	出版社	內容介紹
植物的繁殖	自然科學	李學勇		圖文	介紹各種植物繁殖的方法與傳播的方式。
果實跟種子	自然科學	王博仁 邱金春		圖文	介紹各種植物的果實、種子，及其構造。
植物的花	自然科學	陳淑華		圖文	介紹花的構造、功能及花粉的傳遞方法。
植物的葉	自然科學	陳淑華		圖文	介紹葉子的形狀、構造及其光合作用。
植物的莖	自然科學	陳淑華		圖文	介紹莖的構造、功能、年輪、變態莖。
植物的根	自然科學	陳淑華		圖文	介紹根的構造、種類、變態根。

動物奇觀

初階　會說話的動物

中階　夜行性動物

進階　誰吃葷？誰吃素？

【初階】　　　　　　　　　　　　　　　　　　　　　動物奇觀

會說話的動物

陳杼鈴

> 　　動物發出叫聲除了是天性外，有時叫聲中還蘊藏了動物所要表達的訊息。對動物叫聲的體察不但可以培養兒童對聲音的敏感度，並可以進一步培養兒童對動物的關懷。

壹、在這個活動中，學生將要：

一、學會藉由動物叫聲猜出動物名稱。

二、能看圖說出動物名稱並模仿叫聲。

三、學會演唱「王老先生有塊地」這首歌曲。

四、能將不同的動物叫聲套用在「王老先生有塊地」的歌詞中。

五、能辨別動物叫聲的文字敘述。

貳、教學活動：

一、活動步驟

(一)老師先說一段故事，讓學生猜猜看故事中共出現哪些動物。

故事內容：

　　王老先生有一塊地，他在這塊地裡養了好多種動物，有對主人非常忠心的動物，牠的叫聲是「汪！汪！」；有很喜歡吃草的動物，牠的叫聲是「咩！咩！」；有很早就起床的動物，牠的叫聲是「咕！咕咕」；有好吃懶惰的動物，牠的叫聲是「齁！齁！」；有溫柔輕巧的

動物，牠的叫聲是「喵！喵！」。小朋友，王老先生的地裡總共出現
了哪些動物呢？（答案：狗、羊、雞、豬、貓）

1. 老師可準備動物圖片讓學生說出該動物的叫聲為何。例如：拿出狗
   的圖片，問學生這是什麼動物？牠的叫聲是什麼？（動物圖片可從
   網路搜尋下載，或使用「非常好色」軟體下載。）

2. 請學生腦力激盪，狗的叫聲除了「汪！汪！」外，是否還有其他叫
   聲？（例如：嗚～嗚～汪！）其他動物也有不同的叫聲嗎？（請小
   朋友發揮創意，也可幫動物自創叫聲。）

㈡歌曲教唱「王老先生有塊地」（老師可將不同動物套入歌詞裡）。
　歌詞：

　　　　王老先生有塊地呀咿呀咿呀唷！

　　　　他在田邊養「小鴨」（動物名）呀咿呀咿呀唷！

　　　　呱呱呱～呱呱呱～呱呱呱呱呱呱（動物叫聲）

　　　　王老先生有塊地呀咿呀咿呀唷！

1. 學生熟練歌曲後，將學生分組，一組選一種動物（動物須以動物圖
   卡為主），全班合唱「王老先生有塊地呀咿呀咿呀唷」，唱到「他
   在田邊養（動物名）」時，老師拿出動物圖卡，全班需唱出老師圖
   卡中的動物，唱到「（動物叫聲）」時，只需拿到該動物圖卡的小
   組起立唱，最後再全班合唱「王老先生有塊地呀咿呀咿呀唷」。

2. 老師也可一次拿出兩張圖卡，唱到「他在田邊養（動物名）」時，
   會重複不同的動物沒關係，唱到「（動物叫聲）」時班上會出現不
   同的叫聲，就會呈現很熱鬧的動物合唱團景象。

二、延伸活動

　歌曲教唱「如果高興你就學（動物名）叫」，動物名稱可置換。

　　歌詞：

　　　　如果高興你就學狗（動物名）叫，汪！汪！（動物叫聲）

　　　　如果高興你就學狗（動物名）叫，汪！汪！（動物叫聲）

　　　　大家一起唱呀，大家一起跳呀！

　　　　圍著圓圈一起學狗（動物名）叫。汪！汪！（動物叫聲）

參、學生將學會：

學習目標	對應之九年一貫課程能力指標	
一、能看圖說出動物名稱及模仿叫聲。	語文 B-1-1-3-3	能養成仔細聆聽的習慣。
	語文 C-1-1-2-5	能用完整的語句回答問題。
	生活 7-1-10	嘗試由別人對事物特徵的描述，知曉事物。
二、會演唱與動物叫聲相關的歌曲。	生活 4-1-1	嘗試各種媒體，喚起豐富的想像力，以從事視覺、聽覺、動覺的藝術活動，感受創作的喜樂與滿足。
	生活 5-1-2	體驗各種色彩、圖像、聲音、旋律、姿態、表情動作的美感，並表達出自己的感受。
三、能完成學習單。	語文 A-1-1-1-1	能熟習並認念注音符號。
	語文 A-1-2-1-1	能利用注音符號，提升說話及閱讀能力。
	語文 A-1-4-3-1	能利用注音符號輔助認識文字
	語文 A-2-1-1-1	能應用注音符號，分辨字詞的音義，提升閱讀理解的效能。

肆、小筆記：

伍、學習單：

（一）動物交響樂

◎連連看

下面有四種動物，請連出牠們的叫聲。

| ●哞～哞 | ●咕～咕 | ●咩～咩 | ●哞～哞 |

◎猜猜我是誰？

大家都說我很髒，又很懶惰，其實我也是很愛乾淨的啦，我的叫聲是「齁！齁！」猜到我是誰了嗎？把我畫在旁邊的框框裡吧！

（二）動物大進擊

◎是誰站在柱子上？

下面的柱子上站著五種不同的動物，你可以從牠們的叫聲猜出是哪一隻動物站在柱子上嗎？把附件中的動物小圈圈剪下來，貼在柱子上吧！

黏貼處	黏貼處	黏貼處	黏貼處	黏貼處
喵～喵	咩～咩	咕～咕	汪～汪	吱～吱

◎大家一起來塗顏色

小貓咪只吃有牠叫聲的魚。請把有「小貓咪」叫聲的魚用彩色筆塗上顏色。

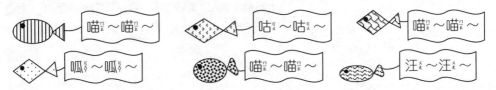

喵～喵～　　咕～咕～　　喵～喵～

呱～呱～　　喵～喵～　　汪～汪～

◎附件：

✂--

陸、評量標準：

評量標準		
編號	工作	評量細目
1	能辨識動物的叫聲	(1)能看圖說出動物名稱及模仿叫聲。 (2)能聽動物叫聲猜出動物名稱。 (3)能說出同種動物的不同叫聲。 (4)能創造動物叫聲。
2	會演唱與動物叫聲相關的歌曲	(1)會演唱「王老先生有塊地」。 (2)能將不同動物叫聲置入歌詞中。 (3)會演唱「如果高興你就學（動物）」叫。
3	能完成學習單	(1)能將動物名稱與動物叫聲做正確配對組合。 (2)能依照學習單上的步驟完成學習單。

柒、相關網站：

網站及網址	網站介紹
閃吧 http://sound.flash8.net/sound/list_fx.aspx? c_id=1083	這是一個大陸的 FLASH 製作網站，點選首頁的「音效」、「動物」後，裡面有各式各樣的豐富動物叫聲，有鱷魚、鵝、狗、蝙蝠等，連比較特殊的動物叫聲，例如：北極熊、蜘蛛、貓頭鷹的叫聲，都有詳細的資料，可供免費下載。

捌、我的表現（評量表）：

我的表現如何？	學生自評			老師回饋		
	我真是有夠讚	我的表現還不錯	我還需要再加油	你真是有夠讚	你的表現還不錯	再加油一點會更棒
我能夠						
1 我能夠看圖說出動物名稱及叫聲。						
2 我可以聽動物的叫聲說出動物名稱。						
3 我能說出同種動物的不同叫聲。						
4 我能自己創造動物叫聲。						
5 我會唱「王老先生有塊地」這首歌。						
6 我能將動物叫聲套入歌詞中。						
7 我能完成學習單。						
我做到了						
1 我知道同種動物有不同叫聲。						
2 我能說出 5 種以上的動物叫聲。						
3 我在唱歌時，能正確唱出我們那組的動物叫聲。						
我學會了						
1 我能創造出不同的動物叫聲。						
2 我會唱有關動物叫聲的歌曲。						
3 我能看懂用文字敘述的動物叫聲。						

◎老師想對你說的話：

玖、延伸閱讀：

書名	類別	作者	繪者	出版社	內容介紹
動物們如何交談	自然科學	珍·伯頓		人類	除了人類會「交談」外，動物們也會交談喔！鳥兒會用聲音來呼喚伴侶；大公雞「喔喔，喔喔」的啼叫代表牠才是這塊地的主人；貓咪「喵嗚，喵嗚」代表牠們很快樂。除了用聲音交談外，動物們也有其他的交談方式，本書均有詳細介紹。
鳥的叫聲	自然科學	李壽先	陳永福（攝影）	華一	全世界大約有八千六百多種鳥類，絕大多數都能發出聲音，但也有不會發出聲音的，像是鸛鳥。鳥的叫聲可分成兩大類，即鳴叫聲和歌唱聲，鳴叫聲多半用來傳達消息，這種是天生就會的，而歌唱聲卻是靠後天學習的。除了以上這些，鳥叫聲還隱含了很多訊息。
會說話的動物	自然科學	周立明		謙謙	螞蟻的語言是什麼？魚類的聲音和語言又是什麼？雞和蛋之間是如何對話的？動物不但會說話，在說話中還蘊含許多訊息與社會行為，本書介紹了許多有趣的動物行為科學知識。
動物的語言	自然科學	史蒂芬·哈特／陳雅茜		寰宇	你知道鯨魚、鳥類和大象的歌聲中含有哪些語言嗎？人類真的能和海豚及人猿溝通嗎？本書提供大量的動物語言探討，適合教師作為教學上的參考資料使用。
動物會說話	自然科學	尤金·莫頓、傑克·佩吉／林邵貞、劉守儀		幼獅	世界上充滿了聲音，尖細的叫聲、黃昏時的吟唱聲、不停的嗡嗡聲、破曉前的歌聲，大自然並不是全然無聲的。人類常企圖揣測動物的叫聲代表什麼意思，本書將探討：從動物的叫聲中我們發現了什麼？
Gobble, Growl Grunt	繪本	Peter Spier		Random House Childrens Books	這是一本英文繪本，所以動物們的叫聲也是「英文」叫聲。隨著國別的不同，動物叫聲的撰寫方式也不一樣，例如：我們通常以「呱呱」、「咯咯」來表達青蛙的叫聲，而在英文中卻以「crooak」、「kwaa」等來表現青蛙的叫聲。本書除了青蛙之外，還介紹了很多不同動物的叫聲，值得一讀。

【中階】　　　　　　　　　　　　　　　　　　　　　　動物奇觀

夜行性動物

劉惠文

> 　　我們對白天的世界相當熟悉，以為這就是全部，但是夜晚的世界仍有許多動物相當活躍，夜行性動物是神祕的夜間遊俠。此一單元就是要帶領大家窺探夜間的繽紛世界，藉由夜行性動物的介紹，引導學生主動的查詢資料，以便深入了解牠們。最後請學生發揮創意編出劇本，舉辦晚會，做夜行性動物的表演 show。

壹、在這個活動中，學生將要：

一、聆聽夜行性動物的故事。

二、對夜行性動物有初步的了解。

三、蒐集夜行性動物的相關資訊。

四、完成學習單。

五、完成劇本，安排戲劇的演出。

貳、教學活動：

一、活動步驟

㈠介紹繪本《星月》（文、圖：珍妮兒・肯儂，出版社：和英）：

　　小蝙蝠星月與家人出門時，被同樣在夜晚才出現的貓頭鷹追趕，慌張中，與媽媽失散了，而且掉到鳥巢裡，與鳥兒一起生活，學著成為一隻鳥，漸漸改變了夜晚生活的習性。有一天，當星月與鳥兒學飛

的時候飛得太遠了，沒想到卻因禍得福找到親生的蝙蝠媽媽。星月終於回到原來的家，體認到自己在黑夜中可以輕易的行動，雖然和鳥兒在白天活動不一樣，但是牠結交到了不少鳥類的好朋友。

㈡暗夜的巨星雲集（介紹夜行性動物）

　1.為什麼有夜行性動物？

　　　　地球上的生存空間有限，如果所有動物都在同一時段、做同樣的事情，那肯定會造成爭端和衝突。大自然有其法則，經過長時間的演化，生態已經有了平衡穩定的狀態。

　2.什麼是「夜行性動物」？

　　　　白天出來活動的動物為「日行性動物」，夜晚出來的則叫作「夜行性動物」，另外一類是利用清晨或傍晚活動的，則為「晨昏性動物」。夜行性動物的特徵如下（可先讓學生想想、討論夜行性動物可能有哪些特徵，再公布正確知識）：

　⑴夜行性動物利用夜晚外出活動，白天休息。

　⑵夜行性動物為了順利取食與躲避天敵，在體型上朝小型發展，例如樹蛙。

　⑶具有夜晚活動的祕密武器，例如：魚大而圓的眼睛有助其清楚尋覓食物、豹貓有靈敏聽覺的大耳朵、樹蛙身上具有接近棲息地的保護色。

　⑷行動趨於緩慢而且安靜無聲，例如夜行性的蛇類。

　⑸為了保護脆弱的視網膜避免在白天接觸到強烈的光線，夜行性蛇類與貓科動物的瞳孔通常呈現垂直的橢圓形，可隨光線強弱調整瞳孔大小。

　⑹許多夜行性動物都有發達的鬍鬚、靈活的四肢，以便偵察環境中的任何動靜，例如貓科動物。

　⑺夜行動物通常具有較日行動物靈敏的鼻子，例如行動緩慢的懶猴具有相當發達的嗅覺。

㈢夜晚明星（夜行性動物的種類），舉例如下：

　1.無尾熊白天大部分的時間在睡眠和休息（約 18-20 小時），一到晚

上，牠們便開始四處尋找尤加利樹葉。

2.指（趾）端有吸盤的樹蛙，牠們的身體表面必須保持濕潤，在夜晚出來活動可以減少水分的蒸發，才不會因為皮膚脫水而死亡。

3.老鼠在晚上活動，同時也在夜間進行交配。

4.蝙蝠傍晚時開始覓食夜行性的昆蟲，到黎明時候飛回洞穴或倉庫裡棲息。蝙蝠的聲納系統，可以偵測周遭環境的狀況，科學家由此原理發展出雷達網路。

5.害羞膽小、行動遲緩的穿山甲，以螞蟻為主食，牠的巢穴在地底下，晝伏夜出，不容易觀察。

6.貓科動物會利用嘴角的鬍鬚來探路，甚至以前爪來尋找藏匿的獵物，觸覺相當敏銳。

7.貓頭鷹專注的大眼睛，可以在夜晚察覺到許多東西。

8.有「火金姑」之稱的螢火蟲，每年四到六月和十到十一月是螢火蟲羽化時期，也是成蟲活動期，螢火蟲尾部有發光器，是用來溝通對話的工具。

9.平日常見的壁虎、蟑螂、蚯蚓、蜈蚣……等。

（參考資料：台北動物園全球資訊網之動物園志工在職訓練講義）

㈣由老師介紹的夜行性動物巨星中選出自己喜歡的，或是從自己蒐集資料查到的夜行性動物明星中，記錄其特徵，完成學習單（一）。

㈤各組學生選擇喜歡的夜行性動物，準備做夜行性明星動物的表演，主要包含：

1.外貌特徵的呈現。

2.生活的習性，一天工作、休息的情形。包括食衣住行育樂、如何躲避天敵……等等。

3.生長的變化、交配、產子、生命終了……等等。

　　首先記錄下來以編排劇情，劇情可以加入學生的創意，接著分配製作、蒐集道具（道具服裝組）、動物扮演（活動組）、旁白等角色等〔學習單（二）〕。

㈥舉辦「夜晚 Party」，做夜行性動物的扮演活動。

㈦分享活動心得，票選出最有巨星架勢的組別給予鼓勵，並且進行欣賞
　教學，提出各組的優點與值得學習的地方。

二、延伸活動

㈠將學生記錄下來的夜行性動物的資料，集結成冊，成為班上的一本
　「夜行性動物小百科」，以後有需要可以馬上獲得相關資訊。

㈡介紹夜行性動物螢火蟲、螢火蟲相關歌謠（台灣童謠「火金姑」）或
　詩詞（唐朝杜甫的「螢火」、杜牧的「詠螢」），結合語文活動。

參、學生將學會：

學習目標	對應之九年一貫課程能力指標	
一、了解什麼是「夜行性動物」。	自然 2-2-2-2	知道陸生（或水生）動物外形特徵、運動方式，注意到如何去改善其生活環境、調節飲食，來維護牠的健康。
二、能舉出夜行性動物的特徵與例子。	自然 1-2-5-2	能傾聽別人的報告，並能清楚表達自己的意思。
三、能依照夜行性動物的習性編排劇情。	語文 F-2-10-2-1	能在寫作中，發揮豐富的想像力。
四、合力完成戲劇的演出。	藝文 1-2-7	參與表演藝術之活動，以感知來探索某種事件，並自信的表演角色。
五、活動進行後，能夠欣賞各組的優點。	藝文 2-2-8	經由參與地方性藝文活動，了解自己社區、家鄉內的藝術文化內涵。

肆、小筆記：

伍、學習單：

（一）夜行性動物寫真集

你可以再靠近一點！明星特寫（畫出來或是蒐集圖案貼上去）

◎基本資料：

1.名稱：＿＿＿＿＿＿＿＿＿＿＿＿＿＿＿＿＿＿＿＿＿

2.膚色（外表特徵）：＿＿＿＿＿＿＿＿＿＿＿＿＿＿＿＿

＿＿＿＿＿＿＿＿＿＿＿＿＿＿＿＿＿＿＿＿＿＿＿＿＿＿

3.住址：＿＿＿＿＿＿＿＿＿＿＿＿＿＿＿＿＿＿＿＿＿＿

4.最喜歡吃：＿＿＿＿＿＿＿＿＿＿＿＿＿＿＿＿＿＿＿＿

5.生活習慣：＿＿＿＿＿＿＿＿＿＿＿＿＿＿＿＿＿＿＿＿

＿＿＿＿＿＿＿＿＿＿＿＿＿＿＿＿＿＿＿＿＿＿＿＿＿＿

6.其他：＿＿＿＿＿＿＿＿＿＿＿＿＿＿＿＿＿＿＿＿＿＿

（二）夜行性動物表演 SHOW

第＿＿組　　劇本名稱：＿＿＿＿＿＿＿＿＿＿

角色：

劇情發展（動物的生活中發生了什麼事情）可依照人、事、時、地、物來編劇：

第一幕：

第二幕：

第三幕：

工作分配：

旁白：

表演活動組：

道具組（音樂、服裝、器材、道具）：

陸、評量標準：

評量標準		
編號	工作	評量細目
1	了解夜行性動物	(1)能聆聽教師對於繪本的介紹。 (2)能專心聽教師介紹夜行性動物。 (3)能夠說出夜行性動物的特徵。 (4)能夠舉出夜行性動物的例子。 (5)能夠自己查詢有關夜行性動物的資訊。
2	演出戲劇（夜行性動物扮演活動）	(1)能依照夜行性動物特徵、習性編製劇本。 (2)能平均分配工作，完成表演。 (3)能運用多種媒體素材呈現戲劇（例如：音樂、服裝、道具）。 (4)能具體說出並欣賞其他組別的優點。 (5)能在討論過程中清楚表達自己的意見。
3	完成學習單	(1)能用文字記錄夜行性動物。 (2)能用圖畫或圖片記錄夜行性動物。 (3)能夠組織句子使成為劇本。

柒、相關網站：

網站及網址	網站介紹
台北動物園全球資訊網 http://www.zoo.gov.tw	木柵動物園對動物的介紹，有各類動物的圖文說明，教育推廣不遺餘力，更有注音版本供學生自行上網學習，http://www.zoo.gov.tw/index_vonedu.htm 有夜行性動物的學習單供線上操作。
台灣螢火蟲生態導覽 http://www.taconet.com.tw/flysong/	對於螢火蟲做有系統的介紹，呈現分類整理過的圖片、賞螢地點的說明……可以對螢火蟲有基本的了解，並且解答疑惑和糾正錯誤觀念。
小饅頭的青蛙 http://home.kimo.com.tw/ca3a05/05-04.htm	此網站輕鬆有趣，適合學生查閱。站主介紹自己的寵物，當中含有夜行性動物，例如青蛙、老鼠等，介紹飼養的訣竅、動物們的習性等等。

捌、我的表現（評量表）：

我的表現如何？					
	學生自評		老師回饋		
	我真是有夠讚	我的表現還不錯	我還需要再加油	你真是有夠讚	你的表現還不錯	再加油一點會更棒

我能夠

1 我能專心聆聽繪本介紹。

2 我能夠專心聆聽老師對夜行性動物的介紹。

3 我能在活動中對夜行性動物感到興趣。

4 我在討論過程中可以清楚表達自己的意見。

5 我能專心欣賞其他組別的演出。

我做到了

1 我可以獨自或與小組合力完成學習單。

2 我和小組成員合作完成「夜行性動物表演 show」。

3 我能在小組中做好自己負責的工作。

4 我可以提出自己組別與其他組別的優點。

我學會了

1 我能說出夜行性動物的特徵。

2 我能舉出夜行性動物的例子。

3 我學會了利用書籍、網路等媒體蒐集資訊。

4 我可以和小組用各種方法來呈現戲劇表演。

◎老師想對你說的話：

_____

_____

_____

_____

玖、延伸閱讀：

書名	類別	作者	繪者	出版社	內容介紹
綠笛	繪本	珍妮兒·肯儂	珍妮兒·肯儂	和英	媽媽告訴綠笛和牠的兄弟姊妹要趕快長大、趕快變綠。綠笛很喜歡現在的樣子，他不明白為什麼要急著長大，於是，他決定去尋找答案。他發現所有的大綠蛇好像都很懶，所以，綠笛想盡了辦法不要變綠，他想只要一直勤勞的動，就不會變綠了。想不到在一次爬樹的過程中，綠笛受傷反而被他認為慵懶的老蛇救了；復原後，綠笛變成一隻掛在樹上、安靜不喜歡動的大綠蛇了。
怕黑的貓頭鷹	繪本	莊姿萍	莊姿萍	國語日報	貓頭鷹一家負責守護森林夜晚的安全，可是小貓頭鷹卻很怕黑，心急的家人去請教巫婆，巫婆要貓頭鷹爸爸帶著小貓頭鷹去摘勇氣草。飛到半路時，爸爸受傷了，無法全程陪著小貓頭鷹。夜晚來臨，小貓頭鷹只好硬著頭皮閉著眼睛飛，卻撞上了大樹，大樹公公教牠欣賞美好的星星、月亮和風聲。小貓頭鷹擔心受傷的爸爸，牠跟著月亮去找啄木鳥、小白兔、猴子，救醒了爸爸。雖然還沒找到勇氣草，可是小貓頭鷹再也不怕黑了。
小貓頭鷹	繪本	馬丁·韋德爾	派克·賓森	上誼	有一天晚上，小貓頭鷹秀秀、皮皮和比比醒來時找不到媽媽，牠們好擔心也好緊張，但也無可奈何，只好一起在樹枝上等媽媽。秀秀和皮皮不斷彼此安慰：「媽媽會帶好吃的東西給我們！」「她一定很快就回來了！」而最小的比比只是一句句地說：「我要找媽媽！」樹林裡好黑，黑夜中，感覺所有的東西都在動，小貓頭鷹們越來越害怕。最後見到媽媽好開心，媽媽說：「別心慌，你們應該知道我會回來，因為你們是我的心肝寶貝。」
台灣螢火蟲生態導覽	自然百科	陳燦榮		田野影像	作者花了十年時間，精心拍攝、蒐集螢火蟲照片。除了螢火蟲生態介紹，還有近四十種的台灣本土螢火蟲分類圖鑑，以及全台各地的賞螢地點，完整提供復育、保育觀察實例。此書在學術價值與生態保育推廣、教育上均有實質上的貢獻，是相當實用的書籍。

書名	類別	作者	繪者	出版社	內容介紹
小牛津動物圖解大觀——夜行性動物全集	自然百科	小牛津出版社編輯部		小牛津	適合三到十二歲的兒童閱讀，有栩栩如生的插畫搭配文字介紹，讓小朋友對夜行性動物的特徵和習性有進一步的認識。

【進階】　　　　　　　　　　　　　　　　　　　　　　動物奇觀

誰吃葷?誰吃素?

陳冠霖

> 　　地球上充滿了各式各樣的生物，人類也是這大環境中的一份子，隨著科技昌明，人類的生活雖然便利不少，但伴隨而來的是更大的生態危機。藉由動物食性所衍生成環環相扣的食物鏈，來讓兒童了解每種生物都有其生存價值，不能為了人類的一己之私而恣意獵殺破壞，否則將導致生態失衡的嚴重後果。

壹、在這個活動中，學生將要：

一、能運用邏輯思考把數種動物圖卡分類，並說出分類依據。

二、聆聽老師介紹動物食性（草食性動物、肉食性動物、雜食性動物）的分類方式。

三、了解不同食性動物間的關係，並發覺不同食性動物的特點。

四、知道台灣有哪些特有種保育類動物，如：長鬃山羊、台灣黑熊、台灣野豬、梅花鹿等。

五、透過「如果有一天，（動物名）不見了？會發生什麼事？」的問題討論，了解生態失衡的嚴重性，進而學會珍惜保護我們的生態環境。

六、能遵守遊戲規則，進行團體活動競賽；在遊戲中能靈活運用所學新知。

貳、教學活動：

一、活動步驟

㈠教師準備數張動物圖卡貼在黑板，請學生（分組討論或讓學生獨立思考）想出一個辦法，把黑板上的動物分類。

㈡讓學生輪流發表，並由師生共同討論其分類依據是否合理。

㈢教師介紹動物食性可分為三大類：草食性動物、肉食性動物、雜食性動物。

1. 草食性動物：只吃植物不吃動物，例如：牛、羊、馬。

2. 肉食性動物：只吃動物不吃植物，例如：獅、虎、狼。

3. 雜食性動物：動植物皆吃，例如：人、豬、獼猴。

讓學生運用動物食性的分類方式，再次將黑板上的動物圖卡分類。

㈣介紹數種台灣特有動物（可參考台北市立木柵動物園網站）。

1. 讓學生分組討論並發表不同食性的動物有什麼不一樣的特點，例如：草食性動物多半比較溫馴，肉食性動物比較兇猛。以提問「如果有一天_____動物消失了？會發生什麼事呢？」帶出每種動物都有其生存價值，不能任意宰殺。

2. 團體競賽：猜心遊戲

(1)遊戲規則：將學生分組，猜拳決定先後順序。老師在心中先想好某種動物，讓每組輪流發問，每次只能問一個問題，而老師只能回答「是」或「不是」，哪一組最快猜出老師心中所想的動物就可得到兩分，猜錯一次則扣一分，一種動物最多問十個問題，問到第十個還沒人猜出答案就直接解答。

(2)實例說明：

老師先在心中想好一種動物：綿羊

第一組：這種動物吃肉嗎？師：「不是。」

第二組：那這動物吃草嗎？師：「是。」

第三組：這種動物跑很快嗎？師：「不是。」

第一組：牠的毛會被剃下來做衣服嗎？師：「是。」

依此類推下去。

　　　　當學生決定要猜答案時必須舉手搶答。

　　　　第一組舉手猜：「綿羊。」（答對加兩分）

二、延伸活動（配合學習單（一））

　　　　請學生選定一種動物，去蒐集有關這種動物的相關資訊，填完學習單（一）做完簡單的資料整理後，讓學生上台介紹這種動物的「好朋友」（方式不限，讓學生自由發揮創意），學習單中「最後 show time」是希望學生能多說點關於動物的相關資訊，如：生長環境、生活習性、曾聽聞過的故事，或是聯想到自身的生活經驗。

參、學生將學會：

學習目標	對應之九年一貫課程能力指標	
一、表達自己的看法，及尊重、聆聽別人的意見。	語文 C-2-1-1-2-5 語文 B-2-1-5-2	能用完整的語句回答問題。 能讓對方充分表達意見。
二、以食性來將動物分類，了解不同食性動物間的關係，進而懂得生態失衡的嚴重性。	自然 2-3-2-2	觀察動物形態及運動方式之特殊性及共通性。觀察動物如何保持體溫、覓食、生殖、傳遞訊息、從事社會性的行為及在棲息地調適生活等動物生態。
	綜合 4-3-2	探討環境的改變與破壞可能帶來的危險，討論如何保護或改善環境。
三、了解成語的意涵與應用。	語文 D-2-2-3-1	會查字辭典，並能利用字辭典，分辨字義。

肆、小筆記：

伍、學習單：

（一）Show 我的動物朋友

（請貼上動物朋友的照片或幫牠畫肖像畫）

動物朋友姓名：＿＿＿＿＿＿＿＿＿原產地：＿＿＿＿＿＿＿＿

現在居住地：＿＿＿＿＿＿＿＿＿＿＿＿＿＿＿＿＿＿＿＿＿＿

愛吃的食物：＿＿＿＿＿＿＿＿＿＿＿＿＿＿＿＿＿＿＿＿＿＿

牠是　□草食性動物　□肉食性動物　□雜食性動物（請打勾）

請簡單描述動物好朋友的外貌：＿＿＿＿＿＿＿＿＿＿＿＿＿＿

＿＿＿＿＿＿＿＿＿＿＿＿＿＿＿＿＿＿＿＿＿＿＿＿＿＿＿＿

說說看，你為什麼喜歡牠：＿＿＿＿＿＿＿＿＿＿＿＿＿＿＿＿

＿＿＿＿＿＿＿＿＿＿＿＿＿＿＿＿＿＿＿＿＿＿＿＿＿＿＿＿

最後 show time（你還想介紹什麼呢？請自由發揮）：

＿＿＿＿＿＿＿＿＿＿＿＿＿＿＿＿＿＿＿＿＿＿＿＿＿＿＿＿

＿＿＿＿＿＿＿＿＿＿＿＿＿＿＿＿＿＿＿＿＿＿＿＿＿＿＿＿

（二）誰吃誰？

◎梯子上端有五種動物，請用爬梯子的方式來移動，看看動物是吃到食物，還是被吃掉呢？注意：爬梯方向只有←↓→，碰到轉彎處一定要轉。

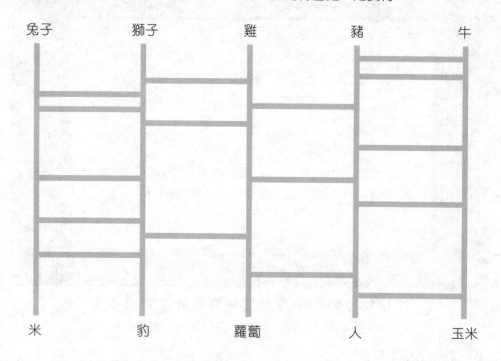

兔子　　獅子　　雞　　豬　牛

米　　豹　　蘿蔔　　人　玉米

⑴五種動物中，哪幾種動物有食物吃不會餓肚子呢？＿＿＿＿＿＿

⑵五種動物中，哪幾種動物反而變成別種動物的食物呢？＿＿＿＿

⑶五種動物中，哪幾種動物既沒食物吃也沒被吃掉呢？＿＿＿＿＿

⑷五種動物中，草食性動物有哪些？＿＿＿＿＿＿＿＿＿＿＿＿＿

⑸五種動物中，肉食性動物有哪些？＿＿＿＿＿＿＿＿＿＿＿＿＿

⑹五種動物中，雜食性動物有哪些？＿＿＿＿＿＿＿＿＿＿＿＿＿

＊解答列於第 269 頁

（三）動物爬梯找成語

◎請用爬梯的方式幫動物兩兩配對，並填入合適的空格內變成一句成語。

注意：爬梯的方向只有←↓→，碰到轉彎處一定要轉。

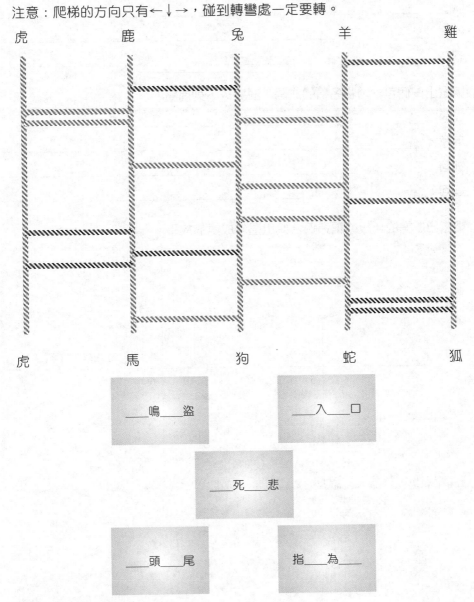

| 虎 | 鹿 | 兔 | 羊 | 雞 |

| 虎 | 馬 | 狗 | 蛇 | 狐 |

___鳴___盜

___入___口

___死___悲

___頭___尾

指___為___

*解答列於第 269 頁

◎ 請用字典或辭典查出上面五個成語的意思。

(1)＿＿＿＿＿＿：＿＿＿＿＿＿＿＿＿＿＿＿＿＿＿＿＿＿

(2)＿＿＿＿＿＿：＿＿＿＿＿＿＿＿＿＿＿＿＿＿＿＿＿＿

(3)＿＿＿＿＿＿：＿＿＿＿＿＿＿＿＿＿＿＿＿＿＿＿＿＿

(4)＿＿＿＿＿＿：＿＿＿＿＿＿＿＿＿＿＿＿＿＿＿＿＿＿

(5)＿＿＿＿＿＿：＿＿＿＿＿＿＿＿＿＿＿＿＿＿＿＿＿＿

◎請選出一個包含動物名稱的成語，並完成下列問題。

成語：＿＿＿＿＿＿＿＿＿＿＿＿＿＿＿＿＿＿＿＿＿＿＿

示意：＿＿＿＿＿＿＿＿＿＿＿＿＿＿＿＿＿＿＿＿＿＿＿

例句：＿＿＿＿＿＿＿＿＿＿＿＿＿＿＿＿＿＿＿＿＿＿＿

造句：＿＿＿＿＿＿＿＿＿＿＿＿＿＿＿＿＿＿＿＿＿＿＿

◎請畫出成語的典故或編造適合使用這句成語的故事。

1	2	3
4	5	6

陸、評量標準:

評量標準		
編號	工作	評量細目
1	學會表達自己的看法,及尊重、聆聽別人的意見	(1)能針對問題說出自己的看法。 (2)能專心聆聽及尊重別人發言。 (3)認真參與分組討論。
2	學到有關動物的基本知識,及愛護動物的觀念	(1)知道如何以動物食性來將動物分類。 (2)能知道生態失衡可能會有哪些後果。 (3)了解生態保育的重要,並提出自己能力所及能做到的部分。 (4)能利用工具書或網路來查詢動物的相關資訊。
3	了解成語的意涵與應用	(1)能寫出正確的成語。能運用工具書找出成語的意義。 (2)以漫畫的方式繪出成語典故或將成語應用於適切的情境中。

柒、相關網站:

網站及網址	網站介紹
台北動物園全球資訊網 http://www.zoo.gov.tw/index_herp.htm	台北市立木柵動物園所架設的網站。在動物展示區中介紹各類動物的基本相關資料。
成語動物園 http://resources.ed.gov.hk/idiom2/	分為Ⅰ、Ⅱ兩集。成語動物園Ⅰ:藉動物圖卡展示相關成語。成語動物園Ⅱ:分為電影室、圖書室、資料室及遊戲室四部分,詳細介紹成語緣由、意義,以及用法。
自然保育網 >兒童天地 http://wagner.zo.ntu.edu.tw/preserve/child/child/index.htm	行政院農委會所製作的網頁,裡面包含了數種動物簡介、教導如何觀察動物、兒童如何做保育工作,還有有趣的動物著色區。

捌、我的表現（評量表）：

我的表現如何？	學生自評			老師回饋		
	我真是有夠讚	我的表現還不錯	我還需要再加油	你真是有夠讚	你的表現還不錯	再加油一點會更棒
我能夠						
1 我能想出幫動物圖卡分類的方法。						
2 我能清楚說出自己為動物圖卡分類的依據。						
3 我能盡力參與班上討論及分享自己的看法。						
4 我能遵守團體競賽規則，展現互助合作的精神。						
我做到了						
1 我可以專心聽別人發言並思考其內容是否合理。						
2 我可以仔細聆聽老師講述。						
3 我能愛護動物，不隨便傷害牠們。						
我學會了						
1 我知道如何依動物食性來將動物分類。						
2 我知道不同食性動物之間的關係。						
3 我能了解生態平衡被破壞的嚴重性。						
4 我懂得找尋動物相關知識的方法。						
5 我學會認識包含動物名稱的成語。						
6 我學會在正確時機應用包含動物名稱的成語。						
7 我可以從自身做起動物保育的工作。						

◎老師想對你說的話：

玖、延伸閱讀：

書名	類別	作者	繪者	出版社	內容介紹
兔子坡	小說	Robert Lawson		新苗	兔子坡住著許多小動物。有一天，有新鄰居搬來，大家奔相走告，既興奮又期待。雖然其中發生些許誤會，最後還是和諧收場，展現動物與人相處的善良與熱情。
小羊與蝴蝶	繪本	艾瑞·卡爾	艾瑞·卡爾	上誼	透過小羊與蝴蝶不同的生活習性，兩者相遇而產生的趣味對話，使孩子在閱讀中，可以了解生命的可貴，學會尊重與包容的美德。
矮猴兄弟	小說	椋鳩十		天衛	本書主要為「矮猴兄弟」和「月牙與狸」兩個故事。前者說的是，原本是被人類飼養的動物最後回到同伴的世界中，努力求生存的故事。後者則是說，原本在芒草原過著幸福日子的山狸母子，因為狸皮水漲船高而被獵人瘋狂獵殺。過程中，小山狸雖恐怖驚慌，卻也因為這些經驗而成長。
毛毛與阿茜	小說	椋鳩十		天衛	本書共收錄了十四篇動物故事，其中「毛毛與阿茜」主要在敘說小女孩阿茜跟貓兒毛毛真情相待，時常傾心對談，相依相偎。其餘尚有「荒山狐狸」、「阿爾卑斯的熊」等，作者總是站在動物的立場思考，使得讀者的心也隨著動物的安危、禍福和憂喜而浮沉。
看圖猜成語	語言學習	曾老師		人類	結合趣味猜謎與成語學習，讓孩子能以更有趣的方式認識成語。本書還有成語造句的範例，讓孩子練習將成語生活化。
成語故事	語言學習	世一編輯部		世一	共收錄四百餘則成語故事，全文以淺顯的白話文撰寫，並介紹成語的來源、典故及用法。

＊第264頁答案：⑴豬、牛 ⑵兔子、雞 ⑶獅子 ⑷兔子、牛 ⑸獅子 ⑹雞、豬
＊第265頁答案：雞鳴狗盜 羊入虎口 兔死狐悲 虎頭蛇尾 指鹿為馬

海洋世界

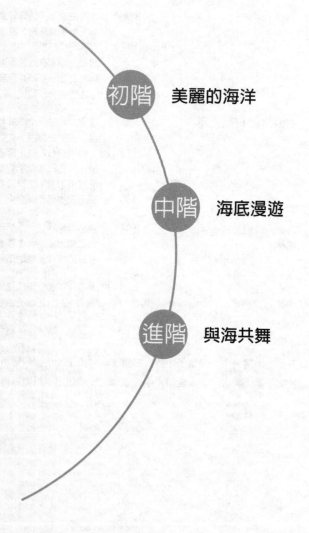

初階　美麗的海洋

中階　海底漫遊

進階　與海共舞

【初階】

美麗的海洋

萬榮輝

地球表面有 71%是海洋，這片廣大的海洋世界不僅是一切生命的故鄉，也是所有生物維生的根本。對人類而言，海洋是美麗、神祕的，蘊藏著無數的資源，也潛藏著許多危險。台灣是個海島，海洋與我們生活的相關性及重要性不言自明。透過教學活動，我們希望讓學生認識海洋、喜愛海洋，同時也要知曉海的險惡，了解到海邊戲水時的安全措施。

壹、在這個活動中，學生將要：

一、認識海洋世界。

二、知道海洋與生活的密切關係。

三、藉由身體的律動表現海浪大小不同時，各種海洋生物的活動。

四、創作有關海洋世界的謎語。

五、完成海底世界圖畫的創作。

六、練習人物的觀察。

七、學會譬喻法的修辭技巧。

八、知道海的危險性。

九、知道進行水上活動時的安全措施。

貳、教學活動：

一、活動步驟

㈠徜徉大海洋

1. 海的律動：

⑴傾聽海的旋律：讓學生以寶特瓶內裝綠豆方式，左右來回輕擺，製造出類似海浪的聲音；亦可請幾位學生上台共同模擬海浪聲音的呈現，師生一同想像漫步於海邊的情景。

⑵體驗活動：教師準備幾條藍布條，請學生兩人一組上下擺動、形成海浪的情景。讓學生想像自己是一隻魚，徜徉於「海浪」裡；同時，教師提醒小朋友隨時可以變換自己的角色，例如：鯊魚、小丑魚、章魚、海龜……或是假想任何情境，例如：大魚的追逐、漁夫的捕捉等，讓整個虛擬的海洋世界中充滿新奇與驚險。

2. 海底世界樂悠悠：

⑴教師播放影片【海底總動員】（從小丑魚尼莫被人類捉走，並飼養於水族箱後開始即可）。

⑵當學生觀看完影片後，教師請學生發表一下之前在虛擬海洋中的心情，以及試想尼莫被抓後的心情。討論人類將魚飼養於水族箱適當嗎？魚該生活在哪裡比較好？你想當魚還是當人呢？為什麼？

3. 故事變變變：

在影片【海底總動員】中，尼莫經歷各種危機後，最後終於和父親平安的回到自己的家，故事有個快樂的結局。現在，老師要請小朋友當編劇，配合學習單（一）「故事變變變」，讓小朋友重新改寫故事，試試看寫出和原來不一樣的故事內容或結局，故事就從尼莫被捉走後開始吧！

※也許小朋友寫出的內容與原故事頗相近，此時教師不必太過苛求，其實小朋友寫出來的東西只要是合理、通順完整的，即使在內容上無新鮮的創意，但能用文字清楚完整的表達出自己所思所想，對低年級的學童而言已屬不易。

㈡說個謎語給你猜

1. 配合學習單（二）「海洋謎語大集合」，請每位學生設計幾則有關海洋世界各種生物或自然現象等相關的謎語。

2. 接下來全班進行「我說你猜」的學習活動，以分組競賽方式進行，每組輪流派一名代表至講台上大聲說出自己設計的謎語，讓台上的各組成員猜一猜，看哪一組最厲害。

3. 在這個「說個謎語給你猜」的活動中，學生在設計謎語時，必須先對謎底有所觀察了解後，才能設計出合適的謎面讓人猜猜看。另外，本學習活動可延續上個活動的觀察訓練，請學生應用感官觀察，配合譬喻法的使用，練習描述出班級中人物特徵。

4. 配合學習單（三）完成上述的學習（本項活動可視時間長短決定是否要實施）。

㈢小心海浪

1. 炎炎夏日，海邊是眾人驅趕暑熱的最愛，請大家動腦想一想，到海邊遊玩時該準備些什麼用具呢？

2. 配合學習單（四）「快樂安全戲水去」，請小朋友幫阿丹畫（寫）上他所應攜帶的用具（學習單中，阿丹身上的裝備由上而下為戴帽子、蛙鏡、救生衣）；另外，也請小朋友充當愛心小天使，提醒阿丹到海邊要注意什麼事呢？寫越多越好喔！

二、延伸活動

圖畫創作：教師可視實際狀況採用不同方式的海底世界創作。

㈠分組創作

將全班分成若干組，每組發下一張淺藍色的壁報紙，小組共同繪製合作完成海底世界美麗多姿的景象。

㈡個人創作

1. 每生發兩張 8 開淺藍色的紙，先將其中一張紙畫上海底世界中的水草、石頭等。

2. 在這張紙的上方約三分之一或四分之一處割開一長線，但注意勿將紙切斷；接著，再將這張被切過的紙，黏貼在另一張紙上。黏貼時

只需黏住四周圍，使兩張紙黏後成一可置放東西的袋子。

3.發給每位學生每人一張厚紙板，請學生在紙板上畫出幾個海洋生物
　並逐一剪下，再用膠帶將棉線每隔一段距離貼在所繪的海中生物
　上，最後將線纏繞在竹筷上，即類似釣了一長串的魚（或其他生
　物）。

4.將這「一長串的魚」全數放進步驟2.所做的袋子中，小朋友可配合
　「海洋謎語大集合」，經由提示，互相猜一猜袋中所釣到的是什
　麼？

5.如下簡圖：

參、學生將學會：

學習目標	對應之九年一貫課程能力指標	
一、能認識海洋世界。	生活 7-1-6	將對情境的多樣觀察，組合完成一個有意義的事件。
二、能藉由身體的律動表現海浪大小不同時，各種海洋生物的活動。	生活 4-1-2	運用視覺、聽覺、動覺的藝術創作形式，表達自己的感受和想法。
三、能完整說出自己的想法。	語文 C-1-1-3-8	能清楚說出自己的意思。
四、能接寫完成完整的故事。	語文 F-1-3-4-2	能認識並練習寫作簡單的記敘文和說明文。
五、能創作有關海洋世界的謎語。	生活 7-1-9	學習運用合適的語彙，來表達所觀察到的事物。
六、能夠觀察人物的特徵。	生活 7-1-10	嘗試由別人對事物特徵的描寫，知曉事物。
	語文 F-1-1-1-1	能學習觀察簡單的圖畫或事物，並練習寫成一段文字。
七、會使用譬喻法的修辭技巧。	語文 F-1-2-1-2	能仿寫簡單句型。
八、能說出到海邊遊玩應攜帶的用具。	健體 5-1-1	分辨日常生活情境的安全與不安全。
九、能寫出進行水上活動時的安全注意事項。	健體 5-1-1	分辨日常生活情境的安全與不安全。
十、能完成海底世界圖畫的創作（延伸活動）。	生活 4-1-2	運用視覺、聽覺、動覺的藝術創作形式，表達自己的感受和想法。

肆、小筆記：

伍、學習單：

故事變變變

　　小朋友，現在老師幫你把故事的開頭寫好了，請你想想看，接下去你要讓故事如何繼續的發展下去呢？

　　尼莫是一條可愛的小丑魚，牠和父親一起生活在藍藍的大海中。有一天，尼莫忽然不見了，牠的父親非常著急，到處找牠，但是怎麼找都找不到。原來，尼莫不小心被人類捉走了。牠的父親知道以後，決定要去將尼莫救出來。

自我評分	家長的話	老師評語
☆☆☆☆☆		

（二）海洋謎語大集合

親愛的小朋友，美麗的海洋世界中有各種奇妙的海洋生物，請你動腦想一想，設計一個謎語，請大家猜一猜。

謎　　語	謎　底
有八隻腳，遇到危險會吐黑霧。	章魚（烏賊）
牙齒尖尖，背上拖著刀，大家遇見牠都會很害怕。	鯊魚

自我評分	家長的話	老師評語
☆☆☆☆☆		

（三）我說你猜——人物觀察

　　每個人都有自己很特別的地方，有的人長得很高、有的人頭髮很長、有的人跑得很快，有的人很會唱歌……現在，請你仔細觀察自己的同學、老師，找找看他們有哪些特別的地方，把這些特別的地方記下來；接著，再動動腦想一想，你覺得這些特別的地方像什麼呢？統統寫下來，讓大家來猜一猜，看看誰的觀察力最棒，寫得最好、猜得最多。

謎	題	謎　底
他戴著一副眼鏡，	一位很有學問的博士。	葉大雄
他長得高高瘦瘦，	一根竹竿。	林聰明
他生氣的時候，	一隻母老虎。	張老師
1.		
2.		
3.		
4.		
5.		
6.		
7.		
8.		
9.		
10.		

（中間欄：像）

自我評分	家長的話	老師評語
☆☆☆☆☆		

（四）快樂安全戲水去

小朋友，大海雖然美麗，但也暗藏不少危機，要快樂的玩，也要注意安全喔！現在就請你幫忙阿丹畫上（或寫上）他到海邊時，所應攜帶的用具：

另外，也請小朋友充當愛心小天使，提醒阿丹到海邊要注意什麼事，寫越多越好喔！

1	
2	
3	
4	
5	

陸、評量標準：

評量標準		
編號	工作	評量細目
1	身體的律動	⑴能與他人一同進行遊戲活動。 ⑵能隨著製造出的海浪聲，做出自己假想的海洋生物的動作。
2	觀看影片	⑴能專心觀看影片。 ⑵能說出觀看影片內容的意思。 ⑶會表達觀看影片後的感覺或想法。
3	謎語創作	⑴能寫出一則以上的海洋生物謎語。 ⑵能與老師、同學一同進行猜謎遊戲。
4	人物觀察	會用譬喻法寫出兩項以上自己班上人物的特徵。
5	認知到海邊戲水的安全知識	⑴能畫出（或寫出）三種以上到海邊戲水時應有的裝備。 ⑵會畫出（或寫出）三種以上到海邊戲水時應注意的安全事項。

柒、相關網站：

網站及網址	網站介紹
童詩作品 http://s5.ntptc.edu.tw/%B5%A3%B8%D6 %A7@%AB~%B6%B0/page12-3-16.htm	由國立台北師範學院語文教育學系所建置的網站，裡面收藏多篇與「海」相關的童詩作品，例如：海底的舞會、好朋友……等等。
林加春老師的童詩創作集錦 http://home.pchome.com.tw/education/ linfa/LF2/LF2.htm	林加春老師的個人文學創作網站。關於「海洋」的作品包含有散文類，例如：大海的孩子、阿爸的烏魚子；有童話、寓言類，例如：大海搬家；童詩、兒歌類，例如：看海的日子等，內容豐富，值得小朋友閱讀。
台灣海洋生態資訊學習網 www.kcjhs.ptc.edu.tw - /teachers/hiro/	內容包括各種海洋生物的習性及相關圖片。
行政院農業委員會特有生物研究保育中心 http://www.tesri.gov.tw/english/E_species .asp	此網站建置了本省特有動植物及特殊生態體系的資訊，教師可瀏覽網站內容圖片，再配合講解的方式，介紹台灣現存特有生物。
台灣的海岸地形 http://home.kimo.com.tw/impontant7123/ page2.1.htm	網站內容可以讓學生了解到台灣的主要海岸地形，例如：台灣海岸地形概述、海蝕地形、海蝕地形、海積地形等。
師大地理系地景保育資訊網 http://content.edu.tw/junior/geo/ty_cg/101 11c2.htm	網站建置了台灣海岸地形的種類的各項圖片，可以讓學生藉由圖片的學習，更清楚台灣海岸沙岸、岩岸的外貌。亦可連結至環境教育資訊網進行延伸學習。

捌、我的表現（評量表）：

我的表現如何？	學生自評			老師回饋		
	我真是有夠讚	我的表現還不錯	我還需要再加油	你真是有夠讚	你的表現還不錯	再加油一點會更棒
我能夠						
1 我能專心聆聽老師的說明。						
2 我能按照老師的指示完成活動。						
3 我能和同學一起快樂的學習。						
4 我能用心地完成學習單上的問題。						
我做到了						
1 我會表演一種以上的海洋生物的動作。						
2 我能想到也能寫出一個以上有關海洋的謎語。						
3 我能用心觀察同學，寫出兩項以上自己班上人物的特徵。						
4 我能畫出（或寫出）三種到海邊要注意的安全事項。						
我學會了						
1 我知道海洋裡多采多姿的生物。						
2 我要尊重海洋生物，不可以隨便飼養牠們。						
3 我對寫謎題和猜謎都很有興趣。						
4 我學會形容班上同學特徵的寫作方法。						
5 我知道到海邊玩水，要注意哪些事才不會有危險。						

◎老師想對你說的話：

玖、延伸閱讀

書名	類別	作者	繪者	出版社	內容介紹
暴風雨	繪本	瑪莉蘭姆	歐伯狄克	台灣麥克格林文化	本書在敘述一個魔法與精靈的故事，肇始於一場人為的暴風雨。
和事佬彩虹魚	繪本	馬庫士‧帕菲斯特	馬庫士‧帕菲斯特	台灣麥克	在食物豐富的海底，住著快樂的各種魚群，牠們有著吃也吃不完的浮游生物，連大鯨魚也吃這些食物。但是大鯨魚和小魚群之間，漸漸浮現了一些猜忌，甚至產生衝突。幸好，彩虹魚做了和事佬，讓大海恢復了平靜。
波光奏鳴曲	繪本	約翰‧娜瓦瑟、馬丁‧瓦瑟	布赫茲	格林	書中收錄五十三幅有關水的創作及作者為圖畫所寫的文字，令人可以神遊於畫中，並凝神傾聽水的聲音。
到大海去呀，孩子！	童詩	汪啟疆	張曉萍	三民	透過童詩的引導，鼓勵兒童接觸大海，內容包括從海邊沙灘、海景、生物、船到港口情景等等。而且在每首詩後，均有一類似註解或心情筆記，甚至導讀的說明。
大海的呼喚（書＋CD）	繪本	管家琪	吳健豐	三民	在動物園出生的小虎鯨「月牙兒」，一直是園裡最受歡迎的成員，也因此，他覺得動物園是世界上最棒的地方。直到他碰到那隻想回到大海去的小駝背鯨，才開始改變了他的看法。
大海的朋友	短篇小說	工藤直子		玉山社	故事的背景發生在湛藍的大海，故事的主角是一隻鯨魚與一隻海豚。透過他們可愛的對話，滿足孩子對大自然的想像。這本書的另一個特色是，在每一個小故事的後面都有一則與海有關的詩。
海洋的智慧	散文	韋藍德	韋藍德	晨星	作者以簡單有力留白的線條、語意與繪畫，以及描述對海洋的深愛，激起人們對於海洋的愛護之心。
海洋之書	童話	張嘉驊		幼獅	文中有八篇以海洋為背景的奇想小說，隱約傳達出對環保的意識。
我的海洋	音樂			風潮音樂	入圍二〇〇一金曲獎最佳專輯製作人獎。台灣海洋聲音實錄。

【中階】 　　　　　　　　　　　　　　　　　　　　　　**海洋世界**

海底漫遊

何鎔靜

> 　　美麗的台灣寶島四周環海，住在台灣島上的我們，不論往東、西、南、北，都能很快的到達海邊，對於這一望無際、浩瀚寬廣的海洋世界，許多學童都是一無所知。
>
> 　　本單元的活動，希望能藉由海洋生物的介紹，在富教育性、知識性與趣味性的教學中，配合相關延伸活動，引發學童主動去探索並喜愛上這個繽紛的海底世界。

壹、在這個活動中，學生將要：

　　一、在活動中認識海洋生物。

　　二、透過多方閱讀及資料蒐集，完成海底生物檔案。

　　三、與小組同學同心協力，完成海底世界的故事創作及話劇演出。

　　四、發揮想像力，畫出自己設計的海底生物或景象。

貳、教學活動：

　　一、活動步驟

　　　　(一)引起動機：觀看【海底總動員】（或【小美人魚】）影片，跟著主角尼莫，共同暢遊並認識海底的世界。影片觀賞完後，藉由相關的問題延伸，讓學童更加認識海洋世界，例如：

　　　　　1.看完了影片，你們可以發現，海是什麼顏色的呢？

　　　　　2.海底的世界和我們陸地上的世界有什麼不一樣呢？

3.剛剛在影片中，你們有看到哪些海底動物呢？

4.在大海中，除了魚類之外，還有哪些東西呢？

㈡請學童閱讀並蒐集海底生物的相關資料，製作相關檔案完成於學習單
（一）「有趣的海底生物」上（教師可以指定一些常見的海底生物，
例如：鯨魚、螃蟹、海豚、烏龜……等）。

㈢成果分享：請學童上台分享並介紹自己蒐集的成果。上台報告完畢
後，可以將學童的學習單貼在教室布置的學生作品區，讓學童下課
時，也能時常瀏覽並做複習。

㈣故事創作——學習單（二）「我們的海底世界」：

將學童分小組（約八到九人一組），每一小組共同討論並設計出大家
夢想中的海底世界，幫它描繪面貌、設計藍圖、人物、故事情節編排
……等，內容必須包含人、事、時、地、物，將之串連成一個小故
事，進行故事的創作。

㈤話劇表演：學童根據自己所編排、創作的故事，分配角色、製作道具
背景……等，共同合作進行話劇演出。話劇表演過後，可以讓學童票
選「最佳主角」、「最佳旁白」、「最佳劇情獎」、「最佳配樂」
……等，增加表演過程的樂趣及活動性。

二、延伸活動〔學習單（三）〕

如果我們今天乘著一艘潛水艇，前往一望無際、浩瀚寬廣的深海探
險，或許能夠發現許多從未見過的海底生物。請你發揮自己的創造力及
想像力，試著將夢想中的海洋世界，包括海中的生物、景象……等，都
一一畫下來。完成後，學生彼此分享、交流討論精采萬分的海底幻想世
界。

參、學生將學會：

學習目標	對應之九年一貫課程能力指標	
一、能利用資料蒐集的方式，提升閱讀能力。	語文 E-1-3-1-1	能培養閱讀的興趣，並培養良好的習慣和態度。
	語文 E-1-4-1-1	能喜愛閱讀課外（注音）讀物，進而主動擴展閱讀視野。
	語文 F-1-1-1-1	能學習觀察簡單的圖畫和事物，並練習寫成一段文字。
二、能專心聆聽他人的發言，並願意與同學分享自己蒐集的資料。	語文 E-1-4-2-2	能和別人分享閱讀的心得。
	語文 E-1-7-7-3	能從閱讀的材料中，培養分析歸納的能力。
	語文 C-1-1-10-13	說話語音清晰，語法正確，速度適當。
三、能以合作的方式進行故事的創作。	藝文 1-2-5	嘗試與同學分工、規畫、合作，從事藝術創作活動。
	綜合 3-2-2	參加團體活動，了解自己所屬團體的特色，並能表達自我以及與人溝通。
四、能以合作的方式進行話劇的表演。	藝文 1-2-2	嘗試以視覺、聽覺及動覺的藝術創作形式，表達豐富的想像與創作力。
	藝文 1-2-5	嘗試與同學分工、規畫、合作，從事藝術創作活動。
	藝文 3-2-11	運用藝術創作活動及作品，美化生活環境和個人心靈。
五、能盡情發揮自己的想像空間。	語文 E-2-2-1-1	能養成主動閱讀課外讀物的習慣。
	語文 E-2-4-7-4	能將閱讀材料與實際生活情境相聯結。

肆、小筆記：

伍、學習單：

（一）有趣的海底生物

我的名字：＿＿＿＿＿＿＿＿＿＿＿

主要特徵：

(1)＿＿＿＿＿＿＿＿＿＿＿

(2)＿＿＿＿＿＿＿＿＿＿＿

(3)＿＿＿＿＿＿＿＿＿＿＿

自我介紹：

我的自畫像：

（二）我們的海底世界

故事名稱：＿＿＿＿＿＿＿＿＿＿＿＿

主角個性分析單：

	人　物	個　性
1		
2		
3		
4		

	人　物	個　性
5		
6		
7		
8		

改寫故事結局：

人	故事中的人物有哪些？	
事	發生了什麼事情？（事情經過與結果）	
時	故事發生的時間	
地	故事發生的地點	
物	故事的關鍵是什麼東西？	

劇情編排：

第一幕	第二幕
第三幕	第四幕
第五幕	第六幕
第七幕	第八幕

（四）海底世界狂想曲

如果我們今天乘著一艘潛水艇，前往一望無際、浩瀚寬廣的深海探險，或許能夠發現許多從未見過的特有海底生物。請你發揮自己的創造力及想像力，試著將夢想中的海底世界，包含海中的生物、景象……等，都一一畫下來。記得喔！越奇特越好喔！

陸、評量標準：

評量標準		
編號	工作	評量細目
1	欣賞影片	能專心欣賞影片，並融入影片的情節中。觀賞完影片，也能根據影片回答老師所提問的相關問題。
2	完成學習單	主動閱讀、蒐集資料，用文字或圖畫將所蒐集的海底生物記錄下來。文字敘述簡單明瞭、文筆流暢。圖畫畫面整齊清晰，一目了然。
3	分享自己所蒐集的資料	語意清楚的將自己所蒐集的資料報告出來，也能專心聆聽他人的敘說。
4	故事創作	能發揮小組合作的精神，嘗試與同學共同分工、規畫、合作，完成故事的創作。
5	話劇表演	能發揮小組合作的精神，嘗試以視覺、聽覺及動覺的藝術創作形式，表達豐富的想像力與創作力，合力完成話劇的演出。
6	畫出夢想中的海底世界	能發揮想像力與創造力，將自己心目中的海底世界的生物、景色畫下來。

柒、相關網站：

網站及網址	網站介紹
國立海洋生物博物館 http://www.nmmba.gov.tw/	提供各種海洋生態學習，並以多媒體介紹各種魚類、海底生物，網站也特地設立兒童學習專區，以各種多媒體及網頁，來教導學童許多海洋生物的相關知識。
南極蝦海洋生物教育館 http://home.pchome.com.tw/life/spigbig/main.htm	有許多海洋動物的分類與介紹，讓我們對於這些海洋動物能夠更熟悉和了解。
台灣魚類資料庫 http://fishdb.sinica.edu.tw/2001new/main1.asp	提供許多魚類的分類、介紹、分類查詢，以及照片、攝影、標本、相關生態影片……等，讓我們可藉此網站查詢相關的資訊與知識。
台灣常見魚類資料庫 http://nr.stic.gov.tw/fish/fish.html	網站集結了大約一千種台灣地區常見的魚類資料，可藉此資料庫查詢相關魚類的學名、用途、型態特徵、棲所環境及魚類圖片……等等。

捌、我的表現（評量表）：

我的表現如何？	學生自評			老師回饋		
	我真是有夠讚	我的表現還不錯	我還需要再加油	你真是有夠讚	你的表現還不錯	再加油一點會更棒
我能夠						
1 我能按照老師的指示完成活動。						
2 我能專心觀看影片。						
3 我能找到和「海洋生物」相關的文章，並專心閱讀。						
4 我能與同學分享蒐集的成果。						
5 我能專心的聆聽他人的作品發表。						
6 我能與同學共同討論合作。						
我做到了						
1 我能完成「有趣的海底生物」學習單。						
2 我能上台報告自己蒐集的資料。						
3 我能與同學共同合作進行故事創作。						
4 我能與同學共同合作進行話劇表演。						
5 我能畫出夢想中的海底世界。						
我學會了						
1 我知道去哪裡找到相關的資料。						
2 我知道為什麼要學習這個主題。						
3 我學到與他人分享的許多經驗。						
4 我發現了與主題相關的有趣事件，同時閱讀圖書。						
5 我學到如何與同學分工合作。						

◎老師想對你說的話：

玖、延伸閱讀：

書名	類別	作者	繪者	出版社	內容介紹
大海的朋友	童書	工藤直子		玉山社	故事的背景，發生在湛藍的大海，故事的主角則是一隻鯨魚與一隻海豚。透過他們可愛的對話，滿足孩子對大自然的想像。這本書的另一個特色是，在每一個小故事的後面都有一則與海有關的詩。
和事佬彩虹魚	繪本	馬庫士・帕菲斯特	馬庫士・帕菲斯特	台灣麥克	在食物豐富的海底，住著快樂的各種魚群。牠們有著吃也吃不完的浮游生物，連大鯨魚都吃這些食物。但是大鯨魚和小魚群之間，漸漸浮現了一些猜忌，甚至產生衝突。幸好，彩虹魚做了和事佬，讓大海恢復了平靜。
魚類入門	自然科學	邵廣昭		遠流	台灣四周環海，身處在海島上的我們，對魚類的了解有多少呢？本書帶領我們認識魚類、觀察魚類、了解其棲息與分布……等，是能讓我們更加認識魚類的優良工具書。
海洋生物博物館導覽	自然科學	國立海洋博物館		聯經	本書以海洋生物博物館的展示區為主軸，介紹許多河流、海洋的生態環境，以及水族生物的特色……等等。
珊瑚礁（附CD）	書籍音樂		邦妮・馬修	秋雨	珊瑚是一種動物，珊瑚礁是一個個的海底世界。在這座海底城堡中，住著各種軟體動物及魚類。
海洋精靈	音樂	克里斯・米歇爾		風潮音樂	長笛音樂家克里斯・米歇爾獻給希臘當地一隻海豚的音樂，洋溢著淡淡哀傷的思念之情。
我的海洋	音樂			風潮音樂	入圍二○○一金曲獎最佳專輯製作人獎。台灣海洋聲音實錄。

【進階】   海洋世界

與海共舞

陳芷珊

　　台灣是一大陸島嶼，其中海岸線長約一千六百多公里，所以，海洋成為台灣人民重要的命脈，海岸地區亦是人們經濟生活及度假休閒的好去處。由於受到潮汐、波浪及海流等作用力的影響，營造出台灣周圍海岸的各式奇觀。因此，海岸地帶的經營管理非常重要，因為海岸地帶其實也是資源的分布處。

　　本單元的教學活動對焦於「台灣海岸地形大蒐集」、「海岸經濟大觀園」二大主軸，最後，透過海邊風景的引導，讓學生創作童詩。期盼透過這次的教學活動，讓學生更加親近海洋對生活的貢獻，進而產生有關環境保育的省思及自我心情的抒發。

壹、在這個活動中，學生將要：

一、區分台灣奇特的海岸奇觀。

二、發現與海有關的經濟生活或觀光資源。

三、就專題進行研究，查詢相關的報導與資料。

四、利用 Power Point 軟體製作成有系統的研究主題簡報。

五、上台進行口頭報告。

六、欣賞海洋風景影片或圖片。

七、編寫一首海洋童詩。

八、省思環境保護及水資源的重要性。

貳、教學活動：

一、活動步驟

㈠引起動機：發給各組一個地球儀，請小朋友仔細觀察地球儀的表面顏
色，並說明有哪些主要顏色？占最大面積的又是什麼顏色？進一步引
導小朋友了解地球上的海洋面積約占了70%，陸地則僅有30%。所
以，海洋對地球的生命延續有著舉足輕重的地位。

㈡進行活動一「台灣海岸地形大蒐集」：請小朋友將觀察的範圍對焦於
台灣周圍，說一說他們發現了什麼？透過學生的觀察發現，教師引導
學生了解台灣為一島嶼型國家，四面環海。然後，進一步說明由於受
到潮汐、波浪及海流等作用力的影響，營造出台灣周圍海岸各式奇
觀。

㈢播放「台灣的海岸地形」影片（師大視廳館製作，國立教育資料館出
版）。從影片的介紹中，請學生仔細觀賞並根據以下五點記錄在學習
單中：

1. 台灣東部的海岸地形主要有哪些？

2. 台灣西部的海岸地形主要有哪些？

3. 台灣南部的海岸地形主要有哪些？

4. 台灣北部的海岸地形主要有哪些？

5. 舉出台灣因特殊的海岸地形，所帶來的三種經濟資源。

（根據師大石再添教授指出，台灣本島海岸大致可分為四型：⑴北部
對置海岸；⑵西部離水海岸；⑶南部珊瑚礁海岸；⑷東部斷層海
岸，四者各具特色。）

㈣請學生發表學習單書寫內容，老師再加以補充或澄清疑問。討論完畢
後，將學習單加以展示。

㈤進行活動二「海岸經濟大觀園」：針對學習單第五題問題，教師可再
補充一些我國常見與海岸有關的經濟資源（例如：養殖漁業、鹽田、
觀光休閒等）。

㈥教師說明「台灣海岸地形大蒐集VS.海岸經濟大觀園」專題報告事
宜，將學生分成五至六組，各組針對此一專題，除了參考前面「台灣

的海岸地形」影片內容外，並配合閱讀課、電腦課及假日期間，進行更多文字及圖片資料的蒐集。

㈦給予學生兩星期的資料蒐集與彙整時間，以便就報告主題進行研究，查詢相關的報導與資料。教師可以引導學生多利用社會資源——圖書館，並指導學生利用電腦課進行網際網路的搜尋。

㈧結合電腦課程，指導學生將已蒐集的資料，利用Power Point軟體製作成有系統的研究主題簡報。

㈨分組進行六至八分鐘的專題報告，報告結束時，可開放台下的聽眾發問，以增進台上與台下的互動。

㈩全班票選「最佳簡報設計獎」、「報告內容詳實獎」、「唱作俱佳獎」及「團隊合作獎」。教師可依實際的分組數量增減獎項，提高學生的學習成就感。

⼗⼀教師預先準備幾張有關海洋的風景圖片（可從月曆、明信片或親自拍攝的照片取得），並可包含學生蒐集的海岸圖片，其中風景類的圖片最好能包含白天或黃昏的海景、風平浪靜或波濤洶湧的海景、沙灘或岩岸的海景等。藉由豐富的海洋景象，開啟學生創作詩歌的靈感。

⼗⼆教師向學生說明童詩的創作祕訣在於抒情的、生活的、情趣的、音樂的、直覺的，並且能形體化（化抽象為具體），且以精鍊的語言來表達，全詩令人讀後感受到其中的美感。並引導學生運用已學習過的各種修辭法，加深詩詞的深度。

⼗三學生依據學習單內容，進行與海有關的童詩創作（童詩的題目由學生自訂）。

⼗四學生作品發表並將優秀作品展示於公布欄。

⼗五教師歸納統整本活動的教學目標，並加強環境保育的概念，提醒學生共同珍惜美麗且珍貴的「藍色」資源。

二、延伸活動

結合校外教學活動或學校本位課程，讓學生實地參觀台灣各式各樣的海洋經濟生活，或透過實際操作課程，體驗當地居民以海為生的生活。以下是幾則體驗學習活動供讀者參考。

體驗項目	活動內容
挑鹽大挑戰	藉由參觀鹽場，讓學生參觀古早洗鹽機具、了解洗鹽流程、曬鹽的經過，及各種專業的製鹽歷程。
漁樂逍遙遊	讓學生親自參與魚兒的成長過程。到漁村除了體驗漁民生活，認識漁船和捕魚的方法，甚至品嚐美味的海鮮。
養蚵人家	讓學生親訪蚵田，體驗剝蚵的巧勁，甚至品嚐美味的蚵仔大餐。

參、學生將學會：

學習目標	對應之九年一貫課程能力指標	
一、透過影片介紹，區分台灣的海岸地形及相關的經濟資源。	語文 F-2-1-1-1	能養成觀察周圍事物，並寫下重點的習慣。
	自然 2-3-4-4	知道生活環境中的大氣、大地與水，及它們彼此間的交互作用。
二、蒐集資料的能力。	語文 E-2-2-1-1	養成主動閱讀課外讀物的習慣
	語文 E-2-6-3-1	能利用圖書館檢索資料，增進自學的能力。
三、利用 Power Point 軟體製作成有系統的研究主題簡報。	語文 C-2-3-8-9	能利用電子科技，統整訊息的內容，作詳細報告。
四、利用 Power Point 簡報輔助，進行專題口頭報告。	語文 C-2-1-1-2	能和他人交換意見，口述見聞，或當眾做簡要演說。
	語文 C-2-2-2-2	能針對問題，提出自己的意見或看法。
	語文 B-2-1-5-2	能讓對方充分表達意見。
五、編寫一首與海有關的童詩。	語文 F-2-6-10-2	練習從審題、立意、選材、安排段落及組織等步驟，習寫作文。
	語文 F-2-6-7-1	練習利用不同的途徑和方式，蒐集各類可供寫作的材料，並練習選擇材料，進行寫作。
六、以關懷的心，珍惜自己生長的環境。	語文 E-2-8-5-2	能理解作品中對週遭人、事、物的尊重關懷。
	社會 1-3-10	列舉地方或區域環境變遷所引發的環境破壞，並提出可能的解決方法。

肆、小筆記：

伍、學習單：

（一）台灣海岸地形大蒐集

親愛的同學，透過「台灣的海岸地形」影片的介紹，你是否對我們多采多姿的海岸地形有更多的認識呢？現在就請你依據影片的內容，回答下列五個問題喔！

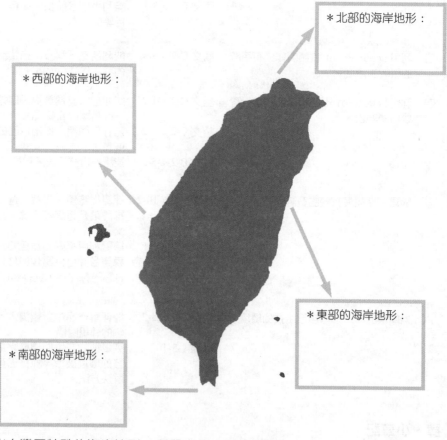

*北部的海岸地形：

*西部的海岸地形：

*東部的海岸地形：

*南部的海岸地形：

◎舉出台灣因特殊的海岸地形，所帶來的三種經濟資源。

（二）「與海共舞」童詩創作

親愛的同學，透過圖片的欣賞，在你的心中，海是什麼顏色？海的味道如何？海帶給你的心情是什麼？還有，面對海洋環境的不斷被破壞，你是否有所感慨與吶喊？大海的遼闊，就好像你無盡的創作想像喔！打開你的心，可以有抒情的、生活的、情趣的、音樂的、直覺的，並且能形體化，只要你願意，就能完成一首優美的童詩喔！

◎創作區（請自訂與海有關的題目喔！）

◎修辭法的應用：想一想，請寫下你所使用的修辭法有哪些？

陸、評量標準：

評量標準		
編號	工作	評量細目
1	區分台灣的海岸地形	透過影片的介紹，將正確的海岸地形依不同區域填寫在學習單。
2	發表自己的看法	語意清楚的表達自己的學習單內容，同時也能專心聆聽他人的敘說。
3	製作並發表研究專題簡報	會使用 Power Point 軟體製作成有系統的研究專題簡報，簡報內容必須包含台灣各海岸地形的相關報導、圖片及與海有關的經濟資源。
4	創作童詩	能從這個主題活動中，省思自己對大海的情感，並藉由童詩的創作抒發。

柒、相關網站：

網站及網址	網站介紹
台灣海岸奇觀 http://www.tmtc.edu.tw/~envir/nature/taiwan.htm	由台北縣實踐國小李崑山老師所設立的網站，內容以北海岸的地形介紹為主。
鹽田生態文化村 http://www.saltpan.org.tw/about.htm	本網站是由一群關懷台灣鹽田生態資源的機構所組成，包含生態保育、社區經營及文化保存等介紹。
海洋台灣文教基金會 http://www.linyhome.com/j/index.htm	網站內有站主廣播節目的文字內容、文章集結……等。
大湖童詩花園推薦網站 http://www.dhps.tp.edu.tw/peter/good/good.htm	由台北市內湖區大湖國小潘俊宏老師所設立的教學推薦網站，裡面有針對童詩、作文、閱讀、書法等，提供豐富的語文領域的教學資源網站連結。

捌、我的表現（評量表）：

我的表現如何？	學生自評			老師回饋		
	我真是有夠讚	我的表現還不錯	我還需要再加油	你真是有夠讚	你的表現還不錯	再加油一點會更棒
我能夠						
1 我能按照老師的指示完成活動。						
2 我能運用 Power Point 軟體製作專題簡報。						
3 我能專心聆聽他人發表意見。						
4 我用心設計作品。						
5 我能運用童詩的特性，練習創作。						
我做到了						
1 我能清楚表達對事情的看法。						
2 我能妥善運用各種資源，完成資料蒐集的任務。						
3 我能認真參與小組工作，完成專題簡報的製作。						
4 我能從童詩中抒發自己對「海」的情感。						
我學會了						
1 我發現台灣四周奇特的海岸奇觀。						
2 我知道為什麼要學習這個主題。						
3 我知道如何將所知的資訊，很有系統的呈現出來。						
4 我發現了與主題相關的有趣事件，同時閱讀圖書。						
5 我學到與他人分享的許多經驗。						

◎老師想對你說的話：

玖、延伸閱讀：

書名	類別	作者	繪者	出版社	內容介紹
大海的朋友	童書	工藤直子		玉山社	故事的背景，發生在湛藍的大海，故事的主角則是一隻鯨魚與一隻海豚。透過他們可愛的對話，滿足孩子對大自然的想像。這本書的另一個特色是，在每一個小故事的後面都有一則與海有關的詩。
人魚海岸	詩集	汪啟疆		九歌	全書分為十二輯，融入台灣詩人對本土土壤及海洋的感動。
海洋的智慧	散文	韋藍德	韋藍德	晨星	作者以簡單有力留白的線條、語意與繪畫，以及描述對海洋的深愛，激起人們對於海洋的愛護之心。
海洋之書	童話	張嘉驊		幼獅	文中有八篇以海洋為背景的奇想小說，隱約傳達出對環保的意識。
老人與海（書＋DVD）（中英對照）	書籍DVD影視小說	歐尼斯·海明威		彼得·維爾德（編劇）	生活艱困的老漁夫獨自在海上奮鬥八十多天與鯨魚奮戰，最後只帶回鯨魚骨頭的故事。
野柳金山步道	旅遊書籍	吳立萍		貓頭鷹	書中內容包含台灣北海岸地質、生態及歷史，以野柳、金山為導覽範圍。其內容分為：(1)北海岸最典型、最易親近的海濱景觀與生態。(2)探訪海濱生物的生存妙招、東北季風吹出特殊的岬頂生態。(3)小漁港風情與百年老街。
台灣的海岸	自然科學	李素芳		遠足	書中附有豐富的地圖，讓讀者按圖索驥縱走台灣的海岸線，其中分為「海岸總論」、「北部海岸」、「西部海岸」、「恆春半島」、「東部海岸」及「海岸的危機」。本書榮獲中小學生優良課外讀物第七屆小太陽獎。
台灣地形傑作展：俯瞰十九大地形奇觀	自然科學	林俊全		遠流	本書以生動的語言，介紹台灣具有代表性的地理環境，其中以板塊、水和風為最重要的三個元素。在書裡，透過三個角色的相互交錯、影響，解釋了火山、河流、台地、丘陵、平原、離島、高山、海岸和縱谷等環境的種種變化。

書名	類別	作者	繪者	出版社	內容介紹
藍水印	詩集	林建隆		皇冠	這本詩集透過作者真摯的文筆，引領讀者深切接觸浩瀚的藍色汪洋，並感受其內心與自然的交流和解放。
魔幻之海	科幻小說	派翠西亞·麥奇莉普		繆思	在靠海為生的漁夫心目中，大海令人既熟悉又畏懼。書中少女小螺十五歲因父親遭遇海難，母親因而精神恍惚，使她恨透了海洋。直到她在海邊巧遇王子克爾，發現了大海的祕密，因而對海洋全面改觀。

國家圖書館出版品預行編目資料

語文一把罩：九年一貫語文領域創意教學活動設計／萬榮輝等
著；吳淑玲策畫主編.--初版.--臺北市：心理, 2005（民 94）
　　冊；　　公分.--（一般教育；102）

　　ISBN 957-702-753-9（第 1 冊：平裝）
　　ISBN 957-702-754-7（第 2 冊：平裝）

　　1.中國語言—教學法　　2.九年一貫課程—教學法

523.31　　　　　　　　　　　　　　　　　　93022846

一般教育 102　　語文一把罩：
九年一貫語文領域創意教學活動設計【第一冊】

策畫主編：吳淑玲
作　　者：萬榮輝等
執行編輯：陳文玲
總 編 輯：林敬堯
發 行 人：邱維城
出 版 者：心理出版社股份有限公司
社　　址：台北市和平東路一段 180 號 7 樓
總　　機：(02) 23671490　　傳　　真：(02) 23671457
郵　　撥：19293172　心理出版社股份有限公司
電子信箱：psychoco@ms15.hinet.net
網　　址：www.psy.com.tw
駐美代表：Lisa Wu　　tel: 973 546-5845　　fax: 973 546-7651
登 記 證：局版北市業字第 1372 號
電腦排版：辰皓國際出版製作有限公司
印 刷 者：東縉彩色印刷有限公司
初版一刷：2005 年 1 月

定價：新台幣 350 元　　■有著作權 · 翻印必究■
ISBN 957-702-753-9